売場表現、販促で勝負する！

地域密着繁盛店のつくり方

阿部貴行

同文舘出版

はじめに

私は、栃木県足利市という人口約15万人の地方都市にある、運動具屋「アベスポーツ」の2代目経営者です。２０１０年、父の急逝で社長職に就きました。実家の店で働くようになって15年、私が何をしたかと言えば、「いい店」の定義を自分の言葉で語り、その店をつくってきたということに尽きます。そしてこれからも同じです。

この本では、精神論や会社の経営・マネジメントといった上から見た、他人事の店の改革ではなく、現場に立つ店長、経営者だからこそできる、「地域密着店づくり」についてお話しさせていただきます。

中小の小売店が大手チェーン店と戦い、ネットショップという脅威にも脅かされる昨今、「地域密着」というフレーズをよく聞くようになりました。

私は、地域密着とは「地域の顧客に『オレの店、私たちの店』と思ってもらうこと」だと思っています。そう思ってくださる顧客の数が増え、売上が店を運営するための経費を上回って、はじめて繁盛店と呼ばれる店になります。ですから、地域に必要とされるためにはそう感じてくださるお客様を、一定数以上持ち続ける必要があるのです。

実は、私の店は10年前には累積赤字が1億円を超え、借入金は3億円に迫っていました。しかし「地域密着店づくり」のトライ&エラーを繰り返した末、9期連続黒字を達成し、現在借入金の7割は返済することができました。苦しかった頃を知っているスポーツ用品の小売業界関係者の中には、うちの店「アベスポーツ」を「栃木の奇跡」と呼んでくださる方がいらっしゃいます。

私が売場改革をはじめた当時は、そのような状況でしたから、改革にかけられる経費はありません。それでも、現場である売場から店を変えることはできます！

この本では、来店（入退店）、売場・接客、再来店・来店促進の3つを、お客様が自店で買い物をしてくださる際のストーリーと考えた、顧客の行動に沿った店づくりのノウハウをお伝えします。その核となるのは、自店の販売実績の「収集」と「発信」です。目的は「いい店をつくる」ことです。顧客に「オレの店、私たちの店」と思ってもらえる店にするためには、顧客の店への感情や思いを強くさせなければなりません。それには顧客の行動パターンに沿ったアプローチが必要になります。

おこがましいかもしれませんが、この本を手にされた小売業やサービス業の同志が、自らの地域でキラリと光る店になるためのヒントや方法論をひとつでも参考にしていただけたら、望外の喜びです。

阿部貴行

2014年11月

売場表現、販促で勝負する！ 地域密着繁盛店のつくり方●目次

1章 「地域密着店」とは何か？

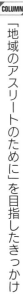

2章

ストーリー① 来店

地域密着店から顧客へのメッセージ

3章

ストーリー② 売場・接客

売場づくりのキーワード「量は質を凌駕する」

4章

未来の自分をイメージしてもらう売場

ストーリー② 売場・接客

5章

ストーリー② 売場・接客
売場は舞台、スタッフは俳優、接客はドラマ

6章

顧客から顧客へ伝播してもらう、新規客の来店促進

ストーリー③ 再来店・来店促進

7章

「地域限定CM」で休眠客に自店を思い出してもらう

ストーリー③　再来店・来店促進

8章

スタッフ、仕入先を巻き込んで「オレの店、私たちの店」を目指す

カバーデザイン／齋藤 稔（G-RAM）
本文デザイン・DTP／マーリンクレイン
本文イラスト／鈴木真紀夫

1
章

「地域密着店」とは何か？

1 「地域密着店」とは「オレの店、私たちの店」と思われる店

▼▽▼「オンリーワン」は目指すものではない

「自店のすぐ近くに大型量販店の出店が決まった」、「ネット販売に顧客を奪われている」……こんな話を私の周りでよく聞きます。

大型量販店や、ニトリやユニクロなど特定の分野の商品を圧倒的な品揃え・低価格で扱う、カテゴリーキラーの店と価格競争したり、ネット販売にチャレンジして挫折した、という経験を持つ中小店も多いでしょう。

こういう場合、競合のいない分野や独自のサービスを開発して、「オンリーワンを目指そう」というのが一般的な考えだと思います。しかし、ひとり声高に「当店はオンリーワンです」と叫んでも、誰も気にとめてくれる方はいません。

▼▽▼日々の地道な積み重ねが、オンリーワンへの道

それに、いくらオンリーワンになりたくても、私には画期的なアイデアを企画立案・実行する能力もありません。ですから、大手チェーン店やネットショップとの価格競争に負けない店をつくるために私は、地道に日々の営業を積み重ね、新しい形をつくり上げてきました。

販売までの過程を①来店（入退店）、②売場・接客、③再来店・来店促進の3段階のストーリーと捉え、それぞれの段階で、「自分の店が地域で役割をはたす」ための小さな工夫を積み重ねたのです。

それはまるで、山の中のトンネルを掘り進めたら、海に突き抜けるようなイメージです。私もいまだ穴掘りの途中ですが、この本は、そんな店づくりというトンネルの掘り進め方の一例だと思ってください。

小売店は、存在する地域の顧客に対する役割を日々はたしています。「はたしている」と断言できるのは、近年はそうでなければ存在が許されなくなってきているからです。

大切なことは、正しい方向にトンネルを掘り進められているかどうかを見誤らないことです。さまざまな条件下でルートや方法は変わっても、ゴールを変えてはいけません。

私は、自店を地域密着の繁盛店にするために、社内で**「顧客にオレの店、私たちの店と思ってもらうことがゴール！」**だとスタッフたちに伝えています。

I'm only one
オレだけの
海だ！
only
one
トンネルを
抜けると・・・

2 「提案・主導型店舗」と「問題提起&解決型店舗」

あなたにとって、いい店とはどんな店でしょうか？　スタッフの笑顔があふれる店、欲しい商品がどこよりも安い店、自宅や職場から徒歩で行ける店……。いや、アマゾンが一番いい、という方もいるかもしれません。

私が考える「いい店」は、次ページの図のように、大きく分けて2通りあります。

陸上部に入った子どものシューズ選びについてきて、自身もランニングに興味を持ったお父さんを例に考えてみましょう。

▼▽▼2通りの店で買い物をシュミレーションする

ひとつ目の店は、「すべてのランナーに自己ベストを出す喜びを提供する」という方針で店の存在価値と役割を発信しています。このお父さんはそこまでの意識はない状態でしたが、お子さんと一緒に走り、自身でも市民マラソン大会に出場するようになってほしい、というのが店のスタンスです。

当然シューズ選びも、ジャストフィットで初心者のお父さんにベストなものを選びます。

このような**「提案・主導型店舗」**は、顧客から見た場合、敷居は高くなりますが、自店の存在価値と顧客への役割を明確に発信して、自店の世界観に顧客をいざないます。そこに共感する顧客にとっては、たまらない「オレの店」となるでしょう。

もうひとつの店は、自店の顧客を想定して、店がその顧客の困りごとを永続的に解決していこうとする**「問題提起&解決型店舗」**です。

この店は「長くランニングを楽しみ、RUN IS LIFEというライフスタイルで、健康的な生活を送ってほしい」という旗印を掲げています。

仕事から帰って夜に走っても安全なように、蛍光塗料を使ったウェアをお勧めするかもしれませんし、「長く続けてほしい」という店のスタンスから、ひざが痛くならないようなインソールを紹介するかもしれません。

顧客のレベルアップやケガといったアクシデントも含め、永続的に解決していくのです。

主張が異なるだけで、どちらもいいお店です。次項では、2つの店の違いは何で、地域密着店はどうあるべきなのかを考えてみたいと思います。

①提案・主導型店舗

**お店の側から「こういう風にやっていこう！」と
提案・アドバイスするスタイル**

スポーツ用品店で例えると

パフォーマンスをアップするため、さらにタイムを縮めるために高度なアドバイスをし、商品を提案

②問題提起＆課題解決型店舗

**お客様のレベルに合わせ、
問題点を引き出し解決策を
提案していくスタイル**

スポーツ用品店で例えると

起こり得るリスクの説明や、長くランニングを続けるためのアドバイスをし、ライフスタイルに合った商品を提案

3 他店と差別化するためにブレンドしていく

▼▽▼どうブレンドするかが、自店の特徴であり個性

前項の「提案・主導型店舗」と「問題提起&解決型店舗」は共にスポーツ用品店であり、顧客から一定の支持を受けていますが、店は誰のためにあり、何のために存在するのか、というスタンスが違います。

モノが巷にあふれ、顧客の価値観も多様化した現代、自店の主張をしなければ埋没してしまいます。

でも、きちんとした主張をすれば、顧客は見つけてくれます。店の主張が、地域の人に「このお店があってよかった」と実感いただける内容であれば、それは地域密着店なのです。

私の店では、「顧客のスポーツライフスタイルを強く楽しくカッコよく」していく、という旗印（モットー）を掲げています。

その主張に合った店にするため、顧客から得られる意見や要望に合わせたり、顧客自身が自覚していない要望の仮説を立てて、売場づくりを行なっています。

つまり、提案・主導型店舗のように旗印を掲げ、問題提起&解決型店舗のように顧客の声からベストを探求しています。この2つの店の要素の組み合わせが、ブレンドです。

このブレンドの比率の違いが店の個性となり、オンリーワンの存在になるのではないかと私は考えています。

▼▽▼お店のブレンドは主体的に変えていくべき

私の店は、かつては地域の顧客からスキー用品の店だと認識されていましたが、時代の流れと共に、10年前にスキー用品から撤退しました。

全売上の7割を占めていたスキー用品が売れなくなる中で、早急にそれ以外のカテゴリーで売上をつくらなければならない、という状態でした。

当時は「顧客の要望にひたすら耳を傾け、そのひとりを満足させる」ということに注力していました。

今考えるとこの時期の、店の主張が欠落した一貫性のない売場に、顧客は飽きていたのだと思います。

顧客の要望に耳を傾けるだけでなく、そのうえで店の旗印に照らし合わせて、主体的にその要望と店の主張のブレンドを行なってはじめて、他店との差別化となり、独自性になるのだと思います。

自宅や職場で飲むコーヒー

リラックスするマイルドブレンド

勉強中に飲むコーヒー

コクのあるストロングブレンド

お気に入りのカフェのコーヒー

フレーバーコーヒー

同じ「コーヒー豆」でも、
ブレンドの仕方で
お店の個性・特徴となる

提案・主導型＋問題提起&解決型の
ブレンドが独自性、
他店との差別化になる

4 店の方針は毎年変える

▼▽▼日々現場で起きる問題から「やるべきこと」を明確に

スタッフと現場で語り合うと、「この仕事はあの人しかできないので不在時に困る」とか「この商品はあっという間に品切れして、追加発注も遅かった」とか「その連絡事項を知らなかった」というような、問題点や課題が浮き彫りになるケースが多いです。

けれど、これらを解決しようと「わが社の基本方針」「うちの店のモットー」を作成しても、文章にしているうちに具体性がなくなってしまうことがほとんどです。

そこで、「年度の方針」を毎年決めることをお勧めします。これは言い換えれば、その年の「やるべきこと」であり、前年の現場で見つかった問題点や課題の具体的な解決策のはずです。

▼▽▼方針と行動の一致には終わりがない

左ページの上段は、10年前に私の店の朝礼で唱和していた基本方針です。言葉はもっともらしく、それらしい方針ですが、今になって思うと、私自身が具体的なイメージを持てていなかったことと、店の判断基準を示せていなかったことが問題でした。

売場は親近感と安心感にあふれ、新たな発見や買い物の楽しさを体感する場所です。であるならば、方針もその実現に向かったロードマップにするべきでした。

下段は今期の方針で、相変わらず朝礼で唱和しています。店舗改革をはじめてから10年間、問題や課題の変遷に合わせ、毎年変化させています。

この経験から得た信念が、「表現も具体的かつ個人の行動に直結させる必要がある」というものです。

10年前の方針は抽象的だったのに対し、現在の方針は一人称で具体的になっています。

方針をより効果的に実践するために、私の店では年ごとの方針に加え、社長からアルバイトまで全員が自身の行動のロードマップとなるような個人の行動目標を書きます。毎期末に1年が終わってできたこと、できていなかったことを各自ハッキリさせることが重要です。

店の運営は一種のチームプレイですから、多くのスタッフの「できていなかったこと」は共通します。そのできていなかったことの改善点を、新たな期の方針に反映すればいいのです。

10年前の基本方針

ひとつ　お客様に大きな声で挨拶しよう。
ひとつ　お客様の立場に立って考えよう。
ひとつ　お客様に対し、より一層のサービスに努めよう。

今期の基本方針（2014年）

ひとつ

私はプロフェッショナルであることを自覚する。

私はチームの一員であることを自覚する。

故にひとつの仕事は必ず2人以上ができるようにするための準備と努力は怠らない。

ひとつ

顧客は立ち止まっていない。仕入先は立ち止まってくれない。

故に私は、接客・品揃え・売場づくりにおいて、昨日より今日、今日より明日と深化し続ける。

ひとつ

黙っていては伝わらない。1人では何も成し遂げられない。

故に私は「知る努力と知らせる努力」を繰り返して、なくてはならない人財になる。

5 地域密着店づくりにコストの心配はいりません！

▼▽▼思い出したくない思い出、「リースが通らない……」

8年前の自店のエピソードをひとつ、ご紹介します。

会社に1台しかない複合機が故障してしまいました。当時の商品の発注と言えば、すべてＦＡＸで行なっていましたので、商売の必需品です。

修理するよりも、新しくしたほうが安い、ということで、業者の方に推薦してもらった複合機をリース契約しようと試みました。すると、すべてのリース会社から「リースは組めない」という返事が返ってきました。悔しい、悲しい、というよりも恥ずかしかった出来事として、強く心に残っています。

そんな経営状態だった私の店が、試行錯誤してきたノウハウが、本書の内容です。

地域密着の繁盛店をつくろう、と言うとたいそうなことのように聞こえてしまいますが、多くの店主の心配事のひとつである、コストについてのハードルはだいぶ下がったのではないでしょうか？

▼▽▼地域密着店づくりに必要なコストの留意点は？

私は今から10年前、34歳の頃から、この状況から抜け出すための「地域密着店づくり」をはじめました。当時はこの言葉は使っていませんでしたが、「地域の顧客の皆さんに『オレの店、私たちの店』と認識されたい」という気持ちはありました。

その頃の社長であった父とは、この改革についてだいぶ衝突もしましたが、「現在の金額以上には経費をかけない（単価が増える場合は数量を抑えるなど）」という約束をし、なんとか説得しました。

買い物袋、メンバーズカードなどの日々顧客の手に渡るものから、ハンガーや什器など数カ月から数年に1度の買い替えの備品まで、どうしたら「オレの店、私たちの店」と思ってもらえるだろうか、という視点で見直しました。

実行していく段階で感じたことは、ちょっとした工夫でどうにかなるものが多いということ、制約がある中でどうしたらいいかと考え、行動することは思っていた以上に楽しいものだということです。

ぜひ皆さんも、現在計上している費用を超えない範囲で、見直せることを探してみてください。

お客様からよく聞かれる質問に答えるPOP。インパクトがあるうえに、商品ごとのPOPよりも長期間使いまわせるので経済的

メーカー支給のポスターに地域の大会情報を重ねて貼ることで、豪華さと「地域密着」を両立させた

6 店を構成するのは「ヒト、モノ、売場」

▼▽▼店を構成する3つの要素

会社を構成するのは「ヒト、モノ、カネ」と言われますが……先ほどお話しした通り、私たちにお金はありません。ですので、新たな3つの要素を考えてみましょう。

私は、地域密着店を構成する要素は**「ヒト、モノ、売場」**だと考えています。

まずは、「ヒト」。特に中小店で働く「ヒト」はスペシャリストよりもゼネラリストが求められます。品出し、接客、レジ打ちなどの業務に加え、私の店なら修理、加工、ネット販売などの特殊業務も加わります。大手チェーン店のような分業制ではありませんし、店長や責任者もすべてこの道を通ってきています。

地域密着店づくりは「人づくり」であり、ゼネラリスト＝商売人を育てるということです。

次に「モノ」。これは商品そのものであり、品揃えです。商売人は、商品自体の価値を吟味して、適正な価格をつける「値つけ」が最重要の仕事です。例えば当店が、「地域密着店として頑張りますので、販売価格は高いですがご容赦ください」と言ったら、顧客の支持は得られるでしょうか。

そんな自店の都合を押しつける店を「オレの店、私たちの店」とは思ってもらえないでしょう。

限られた資源の中で、地域に必要とされる店になるには、自店の顧客をしっかりと把握しなければなりません。売れるから、流行だから、という理由だけで商品を扱うのは自らの首を絞める行為です。

そして3つ目は「売場」です。

ユニクロ、ニトリなどの、主に自社でしか扱えない商品を製造する、「SPA」という業態があります。顧客のニーズを把握、推測し、自社で製造し販売します。

地域に根差した中小店である私たちの店は、この業態とは目指すところが違います。地域の顧客のニーズを見極め、またこの世にある素晴らしい商品を目利きし、プライドを持って値つけしていくことを使命としています。自店の売場は、この使命をはたすための舞台なのです。

この3要素のバランスがとれている（左ページ下図のようにどこかの要素だけが突出していない）ほど、繁盛店に近づくのだと思います。

地域密着店舗とは

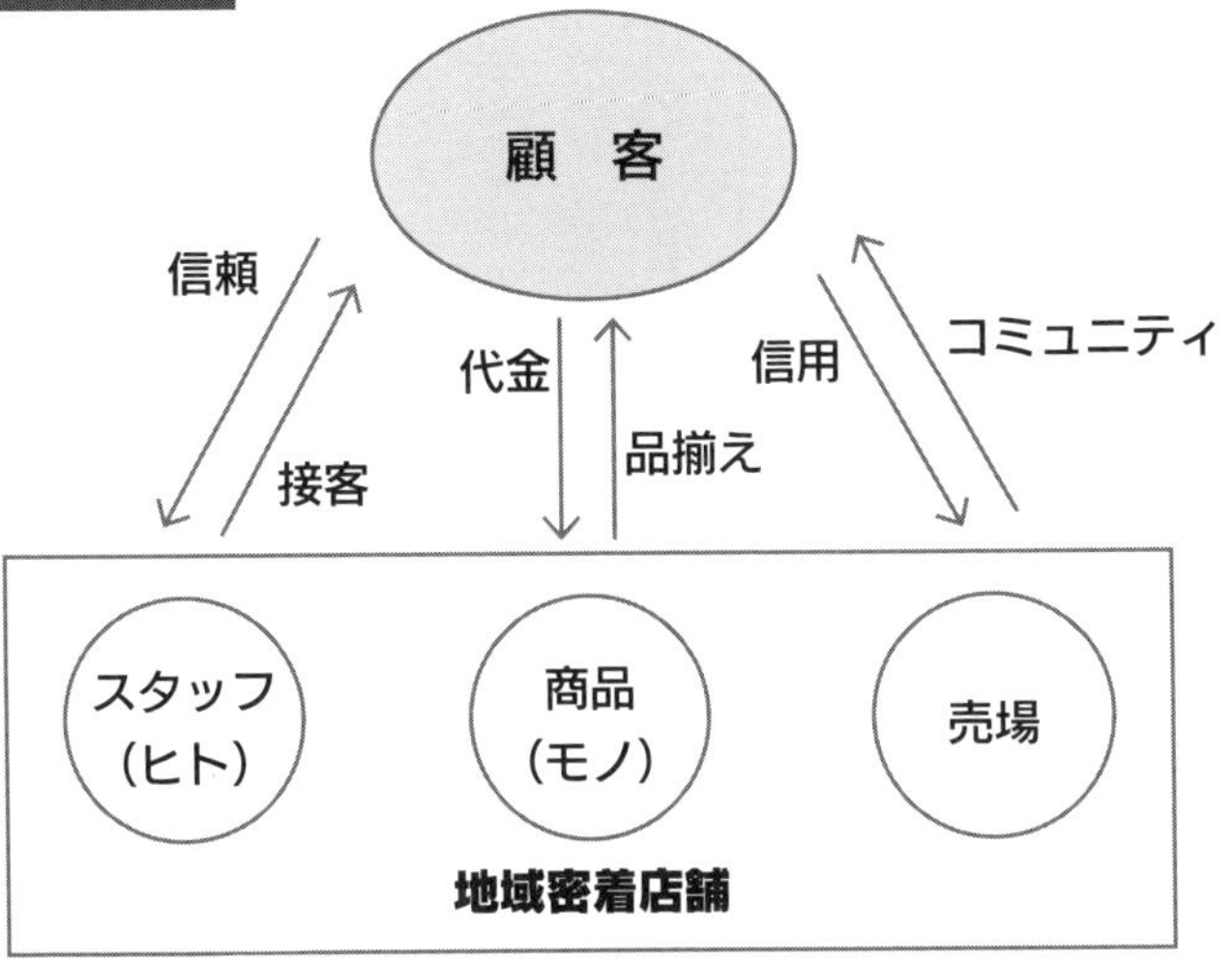

3つの要素の配分

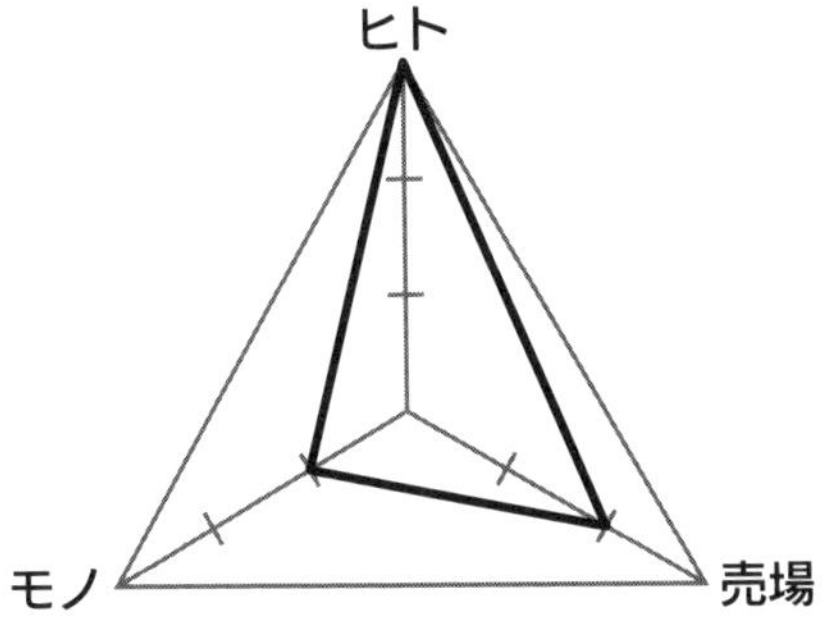

中小の小売店には、ヒトが3、売場が2、モノが1という店が多い。このタイプは店主の人柄と、昔からある安心感で地域に必要とされる店だが、経営は厳しい。

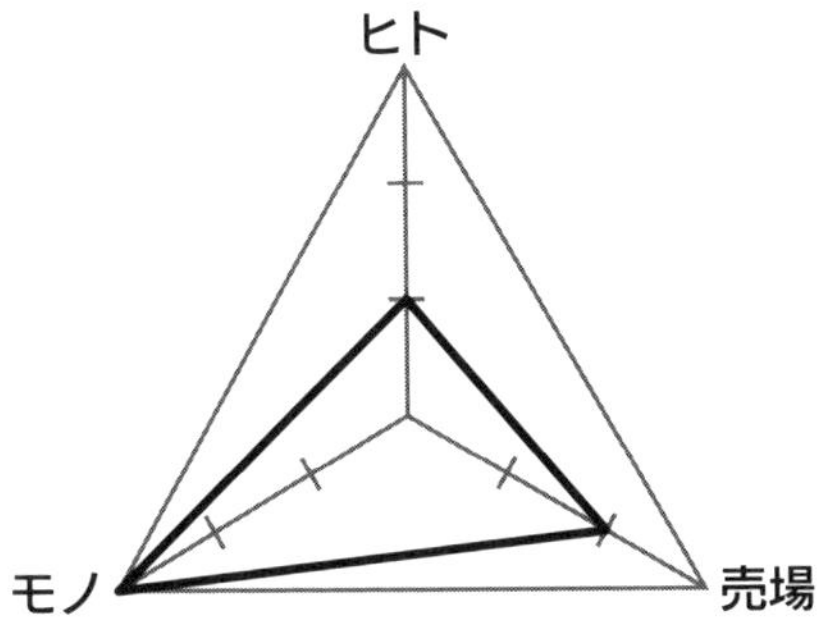

人が1、売場が2、モノが3というディスカウントが売りの店。カテゴリーキラーのチェーン店やネットショップがこのタイプ。

7 スタッフに共感してもらえる自店の使命を打ち出す

▼▽▼周りの誰に聞いても人、人、人……

前項で挙げた3要素の中でも、私の住む地域の経営者、同年代の同業者と話していて最も多い悩みは「人」のことです。

その内容は「店を支えてくれたキーマンの退職」「世代交代」といった危機的状況から、「社内の不協和音」「部下が育たない」といった社員教育・社内のモチベーション低下のことなど多岐にわたります。

毎日店頭に立ち、長時間一緒に仕事をすれば、さまざまな問題が起こりますし、所属するスタッフ全員に個人的な、もしくは家庭の問題まで起こるのです。

この「人」に関する問題は、同じ言葉で自店の未来のイメージを共有して、同じ判断基準で共に店をつくり上げていくことでしか、解決はできないと思います。

▼▽▼地域密着店という環境が働く理由になる

① 日々、同じフィールドで仕事を行なう

② 特定少数（不特定多数ではない）の顧客に対して、長い期間商売をする

③ 資金、店舗スペース共に限られている

この3点が多くの中小店に共通した境遇ではないでしょうか。

いずれも、大手チェーン店との比較論です。一見不利な要素に見えますが、はたしてそうでしょうか？

①は転勤のない職場ということですし、②の要素があることにより、目先の業績を追いかけるのではなく、腰を据えて顧客の満足度を追求しやすいはずです。

③については、限られた資源の中で商売をするからこそ、自店がどの分野で地域の顧客の使命をはたしていくかが明確になりやすいはずです。つまりぶれないでいられる、ということですね。

当店には大手チェーン店に勤めていたスタッフが数名います。「運動具屋」の仕事が好きだから、うちの店で働くことを決めたそうです。

このように、地域密着店の使命に共感する人はいるはずです。

きちんと自店の使命を明確にして、その方法論を明示し、共有することは、人材の確保と育成にもつながっています。

地域密着店の特徴をメリットと捉える

①日々、同じフィールドで仕事を行なう

転勤がない。
毎日同じ場所＝自分のフィールドで仕事ができる。

②特定少数の顧客に対して、長い期間商売をする

目先の業績を追いかけるのではなく、腰を据えて顧客の満足度を追求しやすい。

③資金、店舗スペース共に限られている

限られた資源の中で商売をするからこそ、どの分野で地域の顧客の使命をはたしていくかが明確になりやすく、ぶれない。

8 ネットショップは自店の「カタログ」

▼▽▼自店のネット販売でわかる肌感覚

20年前、顧客が何かを買うためにとる行動は、「チラシを見る→数店見て回る→気に入ったものを購入する」というパターンでした。

顧客の頭にニーズ（欲しい商品）が浮かんだとき、「どの店に行こうか」という買い物をする店の選択肢の上位に入るための勝負が日常的だったのです。

現在は、欲しい商品があると、まずパソコンやスマホで検索をします。価格や知名度などで比較され、店の優先順位で勝負する前に、買い物という試合が終わってしまうことすらあるのです。

私の店でも、ネット販売を行なっています。もし、自店でネット販売をしていなかったら、このことが肌感覚としてわからなかったと思います。

▼▽▼店の旗印を掲げないと戦えなくなる

通常のネットショップでは「ブランド名、商品名、カテゴリー」が自店のサイトにたどり着く検索上位になることが多いそうです。

けれど、ここ5年間私の店では「アベスポーツ」という検索がトップです。

地域の顧客が、ネットショップを「アベスポーツの最新のカタログ」として使ってくださっており、この時点で何を購入するのか、決まっていないということです。

スタッフの接客や自店独自のサービスという、物販以外の魅力が、実店舗の存在意義のように言われることが多いですが、私は「顧客自身が気づいていない問題の発見」が、地域密着店の武器だと思います。

そのためにも、「自店はどのジャンルの顧客の問題について、相応の解決策を示せるのか」ということを、店づくりの肝に置くべきなのです。私は、自店の改革に着手して以来、この主張を明確に示してきたつもりです。

それが地域の顧客に浸透していることを、ネット販売を通じて確信することができましたし、自店の主張を明確に打ち出すことの重要性に気づけました。

「地域密着」と言うと、店頭販売についてのみ考えてしまいがちですが、店頭販売とネット販売をうまく関連づけることによって、商売全体によい循環が生まれるのだと思います。

お客様がモノを「欲しくなる」ことは
今も昔も変わらないが、
その後の行動が変わった。

昔

「どのお店で買おうか」
➡チラシや記憶で比較

顧客の選択肢に入ること、
しかもその上位に入ることが
重要

➡

現在

「いつ買おう」「値段は？」
➡ネットで検索

欲しい商品が売っている
ありとあらゆる店から
安さ・速さで選ぶ

9 地域に期待されるイベントを開催する

▼▽▼地域に期待される地域密着のイベントとは

小売店の中には「○○フェア」や「○○祭」などのイベントを行なっているところも多くあると思います。私の店でも野球フェアと一緒にスピードガンコンテストをしたり、サッカーセールのときにリフティング競争や新スパイクの試し蹴り会などを行なっていました。

しかし、改めて考えてみると、そのようなイベントは地域の顧客に求められての行動ではなく、自店のセールの集客のために実施しているにすぎませんでした。顧客の側から見れば、「楽しめはするけれど、なくても困らないもの」だったのです。

▼▽▼重要なのは売上よりも「場」の提供

数年前、私の店では正月セール以外の、期間限定セールをやめました（詳しくは7章）。セールを実施しなくなってみて、今までのイベントは店側の事情で実施していただけだったと気づいた私は、ことあるごとに「アベスポーツに期待されるイベントとは何か？」と顧客に聞いて回りました。

その中で最も多かった答えが「大会の開催や共催、協賛」でした。

左ページ上写真は、小学6年生の野球リーグ大会です。通常6年生の学童野球の選手は、夏の大会終了と共に引退となってしまいます。

引退後、中学に進んで野球部に入るまでの期間はブランクとなってしまい、実際にこの期間に野球をやめてしまう子も多くいます。

そこで地元の地域情報誌と協力して、秋に6年生大会を実施しています。この大会によって地域の6年生の子どもたちに野球をする「場」を提供しているのです。

「場」を提供することは、すぐに店の売上にはつながらないかもしれません。しかし、試合をする機会があることで地域の人々に喜ばれ、野球をやめる子が減れば、将来的な顧客減を防ぐことにもなるのです。

私たちは一中小店ですから、すべての顧客の困りごとや「こうだったらいいな」に対応はできません。けれど、どうせイベントを行なうなら、自店の顧客が求めているものを実施していくべきで、それが地域密着店の役割だと思います。

部活のない期間に試合の「場」をつくることで、地域の顧客に喜んでいただく

告知だけでなく結果も店頭に貼り出すことで、店が提供した「場」をさらに楽しんでもらえる

10 3つの販売ストーリーを大事にする理由

▼▽▼3つの販売ストーリーとは?

本書で私が提唱する地域密着繁盛店への道は、3つの販売ストーリーによって構成されています。

それは、**①来店、②売場・接客、③再来店・来店促進**の流れです。ここでいう「来店」は店の出入口を通るとき、つまり入店と退店のことです。

このストーリーを大切にしている最大の理由は、「地域密着店の顧客は有限だから」です。

お客様の1回の来店、買い物では店は成り立ちません。何度も何度も、ときには、家族や友人も連れて来てもらわなければなりません。

初来店のお客様には親近感と安心感を体感していただき、複数回ご来店いただいている顧客には自店独自のサービスも必要です。そして、来店の間隔が空いてしまった顧客にも自店を思い出してもらわねばなりません。

あなたの店が、希少価値のある商品やどこよりも安い販売価格、他社には真似できないサービスや技術を持っているのであれば、地域密着店になる必要はないかもしれません。

しかし、それを持っていないなら、または手に入れている最中ならば、来店、売場、再来店を意識して自店のメッセージを伝え続け、「地域密着店」になることは、有益な方法論だと思います。

▼▽▼挑戦しても続かない……原因のほとんどは量の不足

私はたまたま地方の運動具屋に生まれた2代目です。厳しい環境と状況の中で試行錯誤し、今も自店で続いている事例を中心に書いています。

また、外部からの影響も多分にあると思います。ただ、自店に取り入れる際にアレンジせざるを得なかったことが、オリジナリティになっているだけなのです。

私は「挑戦が継続されないこと」をエラー=失敗と呼ぶようにしています。そして、失敗する(失敗したと思う)大きな理由は、挑戦の量が足りないことです。量が少ないから、顧客は店の挑戦に気づかないだけなのです。顧客が気づいてくれる量に達しさえすれば、必ず反応してくれると自店の経験から確信しています。

次章からは、このストーリーに沿って、中小店に挑戦してほしい地域密着ノウハウをお話しします。

地域密着店をつくる、3つの販売ストーリー

①来　店

まずは出入口で店に**親近感**を持ってもらう

↓

②売場・接客

店内に入ったら売場・接客で店への
安心感を持ってもらう

↓

③再来店・来店促進

- 親近感・安心感を持ってくれたお客様に、**新しいお客様**への口コミを広めてもらう
- **休眠客**に自店を思い出して再来店してもらう

COLUMN 「地域のアスリートのために」を目指したきっかけ

私の店が、かつて主力商品だったスキー用品の販売から撤退して、10年が経ちました。「なぜ売上の7割近くを占めるスキー用品から撤退したのか?」「どうしてアスリートを対象の顧客とした店にしたのか」という質問は、今でもよく聞かれます。

もともと創業時の父は近隣の中学生に「何が欲しいのか」「いくらくらいなら買いたいのか」とアドバイスを聞いて回っていたそうです。

しかし、バブル時代やスキーブームの波に乗り、スキー用品の販売が拡大するにつれて、いつの間にか仕入先のみの情報に頼り、「顧客に聞く」という姿勢がなくなっていたように思います。これは、スキー人口の減少と共に、年々その売上が下降していった際、自店にとっても大きな問題となっていきました。

「顧客が何を求めているのか」がわからない、感じ取ることができない店になってしまっていたのです。

スキー用品販売の撤退を考え、商売の立て直しに取組みはじめたとき、顧客の声で最も大きかったのが「中学生、高校生アスリートの買う場がない」ということでした。このときに、父がかつて行なっていた「地域の中学生に、本当に求められている商品を聞いて回る」ことの大切さを痛感したのです。

この頃から心を入れ替え、「スポーツに取り組む地域の顧客の選択肢のひとつになる」ように懸命に努力した数年が、今私たちの店が幸いにも地域の皆さまに必要とされ、「県大会の強豪選手はみんなアベスポーツで買っている」「どうせ購入する部活の道具なら、先輩も買っていたアベスポーツに行こう」と思っていただけるようになったことに、つながっているのだと思います。

2章

ストーリー① 来店

地域密着店から顧客へのメッセージ

1 メッセージを届ける際に大切なのは親近感

▼▽▼なぜ、親近感が大切なのか？

この章でお伝えするのは、販売ストーリーのひとつ目の「来店」で、言い方を変えれば「出入口の表現」です。「お客様」とひと言で言っても、はじめて自店に来店される方、お得意さんと呼ばれる方、あるいは1年以上ぶりの来店の方もいるでしょう。さらに、家族の誰かはすでに顧客だけれど、お連れ様ははじめての来店など、その組み合わせは多様です。

さまざまなシチュエーションで店の入口を入っていただくお客様に対して、「来店」の表現は店からのメッセージを最初にお伝えする場所です。

私は、店からのメッセージとして何かを伝える際、次の3つに気をつけています。

① **自分の言葉で発信して、はじめて相手に届く**
② **繰り返し伝えて、ようやく理解してもらえる**
③ **大きなことは求めずに、求めるべきは「親近感」**

お客様に足を止めてメッセージを受け取ってもらうことは容易ではありません。

入店時ならばそのメッセージが後の接客のきっかけになってほしいですし、退店時ならば再来店へのアピールにならなければなりません。

▼▽▼積み重ねてきた技術をタペストリーで表現した

左ページは、2006年につくったタペストリーの写真で、店の出入口にかけてあります。それぞれ、当時の野球担当とテニス担当の写真です（現在は店長、フロアマネージャーになっています）。

彼らは野球グラブの修理を年間数百個、テニス・バドミントンのガットを年間数千本張り上げます。来店いただくお客様に伝えたかったのは、「この2人が、あなたの大切な道具を責任を持ってお預かりして、最高の状態に仕上げます！」というメッセージです。

味へのこだわりや調理方法、他店にはないひと手間をかけたサービスなど、あなたのお店にも経験や技術に裏打ちされたサービスがあるはずです。

店としては「ここが自慢！」「ここが売り！」と思っていても、残念ながら店側が思うほどお客様には伝わっていません。まずはメッセージに気づいていただくための発信が必要なのです。

自店のスタッフは、その道のトップの職人の技を受け継いでいる、ということを伝えるタペストリー

アベスポーツ創業ストーリー

1969年 4/5　アベスポーツは、たった12坪の小さな個人商店から始まった。
創業者、阿部捷也、24歳。
エネルギーに満ち溢れた創業期
まるで青春を謳歌する少年のようにアベスポーツは地域とともに成長を遂げてきた。
柔軟に　　常に活気のある店頭にするため、機転を働かせた。
謙遜に　　仕入れでは近隣の中学生にアドバイスを求めて歩いた。
頑固に　　リベートを要求される習慣を嫌い、清廉潔白な商売にこだわった。
良質の商品を、徹底的に、地道に、販売する。
健全なスポーツライフを提供する。
地域に活力を与え、地域のエネルギーの源となる。
それこそが未だ青春を謳歌し続けるアベスポーツの遺伝子である。

Springtime Value

1,目利きを育成し続けます	わたしたちは、常に先見性を磨くことで プロの目利きとしてお客様に最良の品を提供します。
2,最適な売場へと深化します	わたしたちは、地域に密着した店頭作りにこだわり お客様にとってこそ最適な売場を目指します。
3,スポーツで地域の青春を応援します	わたしたちは、地域の全ての人がスポーツを通じて 青春を謳歌できるよう豊かなスポーツライフを提供します。

創業以来大切にしていることを伝えるメッセージ。
同じものを買い物袋などにも印刷し、繰り返し伝えている

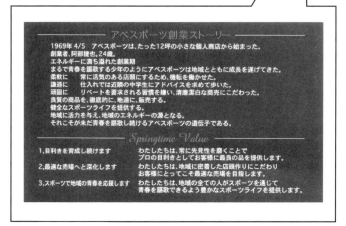

② たかがノボリ、されどノボリ

▼▽▼「何を伝えるか」と同様に「誰が伝えるか」も意識する

日々お客様と接する中で、私は「そのメッセージは誰が発信しているのか」が、重要なのだと感じています。「店からのメッセージ」というのは例えば、経営者からのメッセージ、店長からのお願い、担当者のつぶやきなどの集合体のことです。

私は既製品のノボリを出しているお店を見ると、もったいないなぁと思ってしまいます。出さないよりは出したほうがいい、と思われるのかもしれませんが、「どうせ出すなら、どうしたらベストだろう?」と考えてしまうのです。

左ページのノボリの写真の似顔絵は私です。当時流行していたフレーズを拝借して、見る人の気を引きつつ、店の経営者が発信している、ということを伝えています。「今から値下げをして、安くします」ということを、地域の顧客に経営者が説明しているのです。

既製品ではなくオリジナルのノボリを通じて、店からのメッセージを伝えることで、自店の店づくりや品揃えにおいての主張を、ぶれずにダイレクトに表現できます。

このノボリは、「社長にそっくり」など、反響も大きく、お客様との会話のいいきっかけにもなりました。

▼▽▼ズバリ、コストはいくら?

「今でしょ」のノボリは、単価1900円でした(ただし5セット必要)。市販のノボリは1本で1200円前後です。単価は1・5倍くらいかかりますが、得られる効果には何倍もの違いがあります。

決して万人向けのメッセージでなくて構いません。ただ、あなたのお店の存在意義や顧客に対する役割、ときには譲れない主張を発信することが重要です。

私たち地域の中小店は、儲けることだけを考えて商売をしている訳ではありません。地域のお客様の役に立ちたいから、商売をしているのです。

まずこのことを店主が発信することからはじめるべきだと思います。前項でご説明した来店表現のポイント①の部分です。

オリジナルのノボリは、顧客との会話のきっかけづくりの手段でもありますから、ときには茶目っ気があったほうが反応も大きく返ってきます。

自分の顔をノボリにすることに恥ずかしさはあったが、広報という部署がない中小の小売店は、経営者がその役割を担ってどんどん前に出ていくことも必要

3 入口は店というコミュニティの掲示板

▼▽▼掲示板には「自店が地域社会に担う役割」を載せる

私が住む町内では、廃品回収の予定、防災・防火についてなどの情報が載った掲示板が、コミュニティの必需品になっています。

ぜひ、自店の入口に告知ボードを設け、「店を中心にしたコミュニティの掲示板」として、月に1度でもいいから更新してみてください。

私の店は、店舗正面の風防室の両サイドが出入口です。ですので、10年前からここを「掲示板スペース」として、入店客には旬なネタを、退店客には当社の特徴を知っていただくことを目的にしてきました。

左ページの写真では、「物販だけでなく、地域スポーツに対してこんな取組みをしています！　そんな私たちの店をこれからもよろしくお願いします！」というメッセージを伝えています。

地域の小売店は、店主やスタッフの方が意識せずに、地域社会に対して何らかの役割を担っています。そして役割とは行動で示すものです。

この行動の結果を写真つきで発信することからはじめてもいいと思います。

すると、そこに親近感を持っていただくお客様が多いことに気づくはずです。

▼▽▼10年間続けてこられた理由

親近感を持っていただけたと実感するのは、顧客の反応によって、です。

私が入口に多くの写真を貼り出すのは、家族や知り合いが紹介されていると、顧客は親近感を覚える、という経験値からです。その写真がきっかけとなり、顧客との距離が確実に縮まります。

例えばチームの集合写真などは、顧客であるチームの監督やコーチ、父兄の方々が飾ってほしいと持って来られることも日常茶飯事です。

店の入口を「店を中心としたコミュニティの掲示板」として更新していく動機もまた、顧客の反応です。

入店される顧客が足を止めて、掲示板を読んでくれる。そのことについてスタッフとの会話が盛り上がる、この反応こそが、継続するモチベーションを支え、10年間更新し続けられた理由になっています。

ネットショップでも売れています、
もちろんお店でも同じ価格で
買えます、というメッセージ

私たちはこのようなイベントで、
お客様のスポーツライフスタイルを
応援しています、というメッセージ

4 新コンセプトと共に変えた入口

▼▽▼きっかけは長男の同級生のひと言

前項で、「顧客の反応が継続することの動機になる」と述べました。ポジティブな反応は改善を生みますが、ネガティブな反応は時として革新を生みます。

以前、息子の部活仲間と話していたときに「アベスポに行くと、お父さんとお母さんは熱心に入口のボードを見ているけれど、僕はチラッとしか見たことがない」ということを言われました。

「掲示板」にメッセージを書いているのは私たち大人なので、どうしても同年代の方に語りかけてしまっていたのです。

この会話をきっかけに、対象顧客である部活動に励む学生に親近感をもってもらう取組みをはじめました。

▼▽▼プロスポーツチームっぽいか？　という判断基準

その一環として、まず海外のプロスポーツチームをコンセプトにして、カッコよさを表現することにしました。店の入口はクラブハウスの入口のイメージです。

自動ドアを挟んだマットの入店側には「YOUR HOME STADIUM（あなたのホームスタジアム）」、退店側には「GOOD GAME（試合、お疲れ様）」とメッセージを入れました。

重要なのは「入口、変わったね」と言ってくださるお客様に、このコンセプトの話を積極的にすることです。「野球が好き」「○○というチームが好き」という価値観の一致が重要だと考えるからです。

出入口の表現を変えると、そこから派生することが多くあります。私の店では、スタッフのネームプレートもオリンピック選手のＩＤカードのイメージに変更しました。首から下げるためのストラップは、各自が自分の好きなスポーツチームのものを使用し、顧客との会話で盛り上がっています。

顧客はライバルチームのファンかもしれませんが、それでも同じスポーツが好き、という価値観の一致が親近感につながります。

もうひとつ、コンセプトや店の主張を外に発信するということは、我われスタッフがその主張をきちんと守らねばなりません。これらを顧客に発信することで同時にスタッフの意思統一も自然と図れるのです。

当店の入口。アプローチのマットは陸上競技のトラックをイメージしている。右側に見えるのが、文中に出てきた「GOOD GAME」のメッセージが入ったマット

5 顧客の晴れ舞台はどこか、で表現が変わる

▼▽▼県の運動公園にあって、国立競技場にないもの

左ページの壁に貼ってある写真はすべて近郊の陸上競技場です。国立競技場や世界選手権の会場を写したスポーツメーカーの販促品、イメージポスターは皆さんも目にしたことがあると思います。

世界的な競技場を写し、憧れを演出するトップメーカーの戦略ももちろん一理ありますが、私の店の顧客の多くは、市の大会を突破し、県大会出場を目指す学生たちです。彼らにとっての主戦場は近郊の競技場であり、晴れ舞台は県の競技場です。

実際にこのバナーは、大変好評で、お客様がよく売場で「おっ、赤見の競技場」「宇都宮の総合運動公園だ！」と大会の思い出と共に語ってくれます。これらの写真に親近感を感じてくれているのです。

こういった反応は、対象顧客である地域の学生だけでなく、昔陸上をやっていた大人たちも同様です。

店が来店客に伝えるべきことはさまざまあると思いますが、私の店はこの「親近感」を伝えることに重きを置いています。そして、その親近感がリアリティを生んでくれています。

県の運動公園にあって、国立競技場にないものはリアリティです。

決して特別なことではありませんが、地域密着店としての立ち位置を明確に表現することで、全国の画一的な大型店との差別化になり得ると実感しています。

▼▽▼親近感とリアリティ

なぜ、そのような表現に力を入れているのですか、その表現や独自性の確立の先に何があるのですか、ということをよく質問されます。

それに対して、私は「顧客に『オレの店、私たちの店』と思ってもらえることをゴールとしているからです」と答えます。そのためのファーストステップが親近感を持ってもらうことです。

この繰り返し・量がリアリティを生んでくれます。陸上競技場の写真もひとつではダメですし、この章の2でお話ししたノボリも年中同じではダメです。

伝えることは同じでも、具体例を繰り返すことで、相手に響くようになるのです。

地元の競技場の写真は、かつて陸上をやっていた大人たちに特に人気。部活時代を思い出してスタッフや顧客同士の会話のきっかけともなる

6 顧客といい距離感をつくる店頭での「来店」の表現

▼▽▼侍ジャパンより足工大野球部

私もスタッフも野球の日本代表・侍ジャパンの大ファンです。でも、彼らは当店の顧客ではありません。一方、地元の足利工業大学野球部のメンバーは、大事なお得意様です。

毎年新入生のユニフォームや関連商品を購入していただきますし、ついこの間まで大学4年生で引退した部員にアルバイトとして勤務してもらっていました。

あなたのお店にもお得意様はいるはずですし、お客様以上の人間関係を築くこともあるでしょう。

そんなお客様の数や、お客様との密着度も地域密着店の重要な要素です。

▼▽▼親近感を誤解しないでください

しかし、気をつけなければいけないことがあります。なぁなぁな関係、ルーズな支払い、特別だから割引するといった安易な習慣……組織化されていない商店の悪習の多くは、顧客との関係性に起因することも少なくありません。

顧客との親密さを保ちつつ、どのように線引きをするかは、ハッキリさせておくべきです。

超お得意様、顧客を増やしていただけるオピニオンリーダーの方には、きちんと店頭で表現しましょう。それは応援メッセージであったり、その団体・個人のトピックスを発信することでも構いません。

スポーツ用品店のウィンドウや外壁といえば、プロ野球選手や有名アスリートのポスターなどを飾っているお店が多いと思いますが、私の店では国道に面したウィンドウを「足工大野球部の応援ウィンドウ」にしています。

こうすることで、常連客である足工大関係者たちは自分たちへの特別感を感じてくださり、その他のお客様たちは「このお店は地元の野球部を応援しているんだな」と親近感を抱いてくれるのです。

「来店」での表現は、事細かに親近感をアピールする内容を伝えるよりも、外から見て印象に残ることがポイントです。

大切なのは、親近感を誤解してはいけない、ということです。「なぁなぁな関係」になるのではなく、お客様にも店にもプラスになる、親近感の表現を探しましょう。

高校野球に比べて、注目度が高いとは言えない大学野球。だからこそ、地元の店がスポットライトを当てて、応援する価値があると考えている

7 社長や店長にこそやってほしい親近感の表現

▼▽▼うちのトイレは地域密着の歩み博物館

多くの中小店は、社長も店長もプレイングマネージャーだと思います。私もごく最近までそうでした。ですから、経営に専念できるようになった今でも、「接客したい」「売場づくりをしたい」「顧客をイメージしてベストな商品を仕入れたい」という欲求と戦っています。

その欲求を満たすため、ではないですが、私は現在、店のトイレ掃除・美化を担当しています。

先ほど紹介した入口の掲示板は月に1度、あるいは、イベントや伝えたいことが多い月は2度3度と変えます。

限られたスペースなので仕方ありませんが、POPや写真、メッセージなど、そのまま捨ててしまうのがもったいなくなりました。そこで、イベントなどの象徴的な出来事は、トイレのスペースに貼ることにしたのです。

するとどうでしょう。お客様のトイレの滞在時間が長くなったのです。

だんだんスペースが埋まり、1年2年と過ぎると、もう店の歩みの博物館のようです。

継続できたのは、顧客からのポジティブな反応があったからです。

そして、自分がトイレ掃除をする際に目に入ってきますので、「今年のソフトボール大会は15回目の記念大会だから、何かしようかな」と思い返すきっかけにもなっています。

別にトイレでなくても構いません。道路に面したウィンドウでもいいでしょう。1年以上も同じ商品を飾ってあったり、メーカー支給の色あせたポスターが貼ってあるよりも、店の歩みを発信することは、顧客に親近感を持ってもらう「来店」の表現になります。

▼▽▼なぜ社長や店長が適任なのか?

私の場合は半年ごとにまとめて更新しますので、「この半年間は昨年に比べ、顧客とのイベントを手抜きしてしまった」という反省もできます。

店の歩みを写真で記録し、顧客の目にとまるように発信することは、定期的に販促を考えるきっかけづくりや、私のように部下に任せ、マネジメントに力を入れたいと思っている経営者や店長の「本当は接客がしたい!」の思いを満たすのにもお勧めです。

当店が実施した、野球や水泳教室の写真を一面に貼ったトイレの壁

洗面台の近くには視察やセール、テレビの収録の様子などスポーツ以外の情報を掲示

8 「ライフスタイルを豊かにする」というメッセージ

▼▽▼「想い出をキレイに一生残すために」を伝える

ここまで「来店（入店・退店）」について、当店の事例を中心に説明させていただきました。他の小売店で、私が「来店のアプローチがすごいな」と感じているお店をいくつかご紹介したいと思います。

真っ先に名前を挙げたいのが、栃木県宇都宮市にあるカメラの専門店、「サトーカメラ」本店です。

この章のはじめに挙げた、来店の3つのポイントの中の「自分の言葉で発信して、はじめて相手に届く」「繰り返し伝えて、ようやく理解してもらえる」に関する表現がずば抜けていると感じます。

サトーカメラの経営理念、モットーは「想い出をキレイに一生残すために」です。

そのことを伝えるため、「写真のある生活の楽しさ」「うまく写真を撮れると生活が豊かになる」ということを一貫して表現しています。

来店するたびに表現方法は変わっても、「写真のある生活の楽しさ、写真が上手になると生活が豊かになる」という表現すべきことは変わりません。

このメッセージの軸がぶれないことによって、顧客に「想い出をキレイに一生残すために」という店のモットーが伝わっていきます。

▼▽▼地域の中で店が存在する役割を見つける

サトーカメラがお客様の「入店・退店」に際して発信しているのは「地域の写真文化を創造する」ということです。これは、店のモットーを伝え続ける中で生まれた、地域におけるサトーカメラの役割・使命です。

私の店はロゴに「making heroes from Ashikaga」と入れて、顧客の中から2020年の東京オリンピックで活躍する選手を輩出し、サポートしたいということをお伝えしています。

これは最初から決めていたことではなく、「『オレの店、私の店』と思ってもらいたい」というモットーのもと、「地域のアスリートを応援します！」と伝え続ける中で芽生えた思いです。

自店のモットーをお客様に伝える第一歩としてのメッセージを伝え続ける中で、自店の持つ使命に気づいたり、新たな役割が見つかることもあるのです。

店舗入口横の「発表」スペース。スタッフが撮った写真を貼り出していたが、いつの間にか顧客が自由に自分の撮影した写真を発表する場に

携帯電話のカメラで撮ったままの写真をプリントして「思い出」として残そう！　というメッセージがつまったウィンドウ

9 楽しみながら続けることが親近感を生む

▼▽▼圧倒的な陳列と顧客のハートをつかむＰＯＰ

次にご紹介するのは、「来店」のポイントの３つ目、「大きなことは求めずに、求めるべきは『親近感』」を見事に表現している、と感じるお店です。

栃木県鹿沼市にある「いわい生花」をはじめて見たときは「お花屋さん」のイメージを覆されました。入口を入ってすぐに、７色のかすみ草がボリュームたっぷりに陳列され、かわいい手書きＰＯＰが添えられています。

このいわい生花が他の花屋さんと違うのは、仕入方法とＰＯＰです。

通常、花は市場で仕入れられ、店頭に並びますが、このお店では農家から直接仕入れます。

目利きをして、これだと思った商品があれば、生産者のもとに何度も通い、直接取引するのです。

もうひとつの特徴であるＰＯＰもまた、実にユニークです。このＰＯＰを読んでから、購入する花を決めるお客様が多いのも頷けます。

専務が自信を持って目利きした商品のよさを、スタッフの皆さんが楽しみながら、手書きＰＯＰで伝えることで、通常はお客様の目には見えない仕事である「仕入」を親近感のあるものにしています。

▼▽▼すごいのは、何を伝えたいのか明確なこと

このいわい生花のＰＯＰに刺激を受け、私の店でもメッセージ性が強く、購買の中心層となる女性目線のＰＯＰに挑戦したことがありますが、うまくいきませんでした。

はじめは経験と技術の差だろうな、と考えていましたが、時間が経つにつれ、伝えたいことが明確で、ズバッと思いの中心のみを書くから、「いわい生花」のＰＯＰはお客様に人気なのだ、とわかってきました。

生花店の多くはスペースが小さいため、入口＝売場です。ですから、入店されたお客様がひと目でその商品のよさを理解できるように、端的に伝える必要があります。制限された環境の中で、繰り返しＰＯＰをつくり続けることで、余分なものが削ぎ落とされたのだと思います。

スタッフの「商品のよさを一瞬で伝える」という思いがぶれないことで、顧客の心をつかむのです。

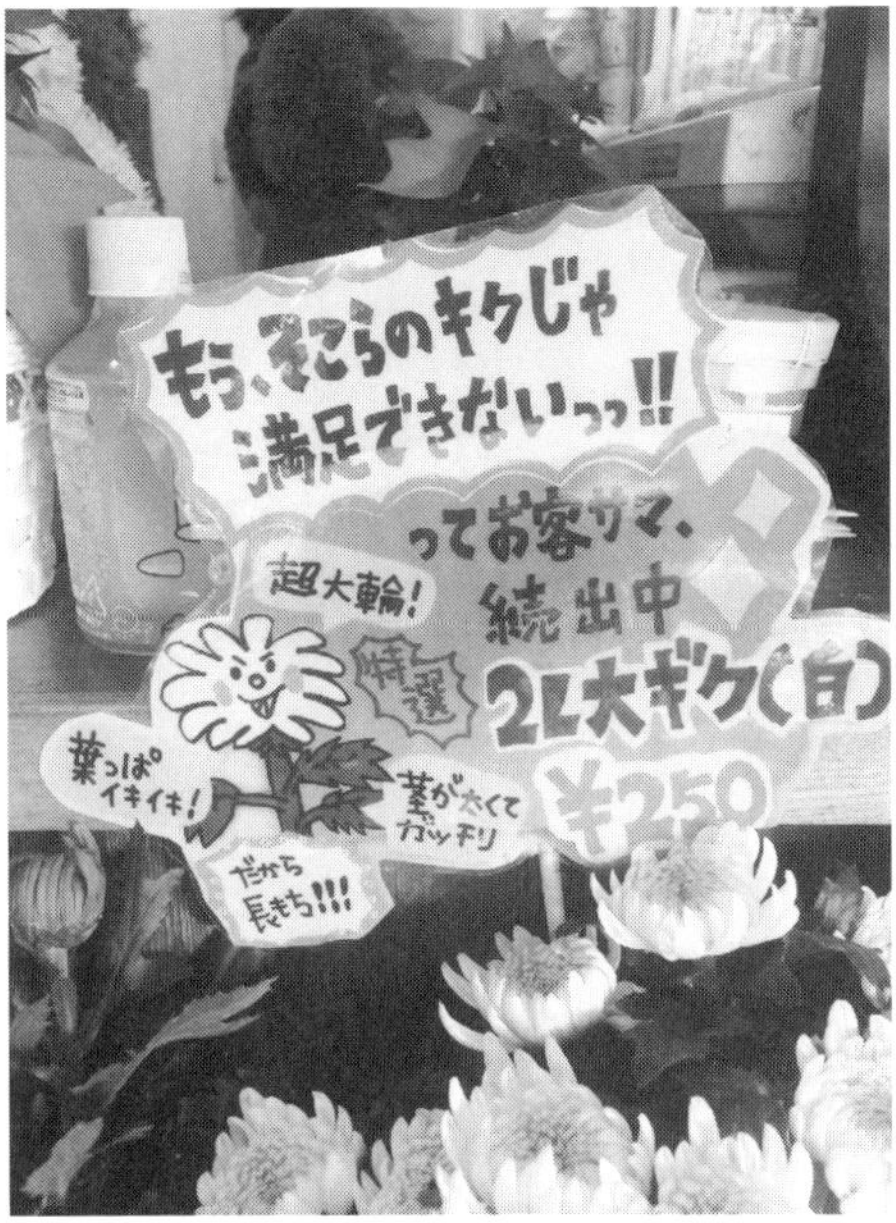

どのようなところがよくてこの花を仕入れたのか、この花の特徴はどんなところなのか、がひと目でわかるPOP。仕入に対するこだわりが伝わりつつ、楽しげなイラストによって親しみもあるのでお客様からの人気も高い

10 2章のまとめとポイント

「来店」とひと口に言っても、店の入口は出口でもあるので、必ず**「メッセージを届けるチャンスは2度ある」**ということを忘れないでください。

店を変えよう！　と挑戦するとき、継続するモチベーションとなるのは顧客の反応です。

また、ついつい発信する側の目線でメッセージを発信してしまうため、本当に伝えたい相手に届くよう、**「自店の顧客は誰なのか」**、**「誰に伝えるべきメッセージだろう」**と意識することも重要です。

店舗は限られたスペースですが、発信したメッセージ（掲示板に貼った写真やPOP、ノボリなど）は捨てずに取っておいてください。先述したように、写真に残すのでも構いません。季節ごとのイベントや似た企画をする場合に、前回のよかった点・反省点を鮮やかに思い出します。

決して無駄にはなりませんし、工夫してそれら過去のメッセージの記録を発信する場をつくることで、顧客に自店の歩みを見ていただくことにもなります。

私たちはこういうモットーに近づくように、このように歩んできました、と伝えることで、お客様は店への**親近感**を抱きます。

章の最後に、同じ栃木県内の「サトーカメラ」と「いわい生花」の話を書かせていただきました。

2店とも紛れもなく地域密着繁盛店です。読者の皆さんも、特に入口にフォーカスして、自店の周辺のお店を思い出してみてください。

もし思い浮かばなければ、家族によく行く小さなお店の様子を聞いてみてください。きっと新たな発見があると思います。

私の店のある栃木県足利市もそうですが、今、郊外のロードサイドには、驚くほど大手チェーン店が多いです。

そのような状況の中で、自分や家族が足を運ぶ中小店について、「なぜ、この店で買うのだろう」と理由を探してみましょう。

きっとそのお店は、この冒頭で述べた3つのポイント、①自分の言葉で発信、②繰り返し伝える、③「親近感」を覚える表現をしている、の少なくともどれかひとつは満たしていると思います。

店舗事務所の壁は、かつて情報発信した際のツールで埋め尽くされている

イベントごとに整理をして顧客にも見えるようにすれば、自然と自店の取組みを知ってもらう機会も増える

COLUMN 「がんばろう日本」のノボリと地域密着店

「なぜノボリにこだわるのか？」と自問すると、2011年3月の東日本大震災がきっかけだったと思います。私の地元でも、震災の翌週から計画停電がはじまりました。

個人的に「何か役に立ちたい」という思いはあるのですが、具体的な行動は思い浮かびません。そんなある日「がんばろう日本」と書かれたトラックとすれ違い、「これだ！」と思いました。

いろいろ考えた末に、オリジナルのノボリを作成し、地域の友人の会社や同業の知り合いに販売して、その差益を義援金として送ることにし、この取組みは地域情報誌にも取材していただきました。

驚いたのは、自分の店、会社でも使いたいので「ノボリを売ってほしい」という顧客が多かったことです。販売した友人や知り合いの店でも、お客様から同じように言われることが多かったそうです。

こちらが思っている以上に、ノボリは見られている、ノボリも店からのメッセージなり得る、と確信した出来事でした。

足利に深く、じっくりと関わる企業精神。
業界で注目される、
地域に根ざした小売店の新しい販売戦略とは―

東北地方太平洋沖地震の後、足利のあちこちで見かけるようになった「がんばろう日本」ののぼり。この活動の発起人となったのは、株式会社アベスポーツ代表取締役社長の阿部貴行さんだった。「深く、じっくりと。」このスタイルを経営においても生き方においても貫徹する阿部さんに、その哲学を伺った。

ZOOM UP
阿部貴行さん

『Ca-gamin!』
2011年7・8・9月号
（株式会社クワドリ・フォリオ）

3章

ストーリー② 売場・接客
売場づくりのキーワード「量は質を凌駕する」

1 お客様の声を「見える化」する

▼▽▼ネットショップのレビュー獲得競争に見る現状

ネット通販において、顧客の信頼を得るためのツールとして、第三者のレビューがあります。

「受注から発送までが早く、安心しました」「子どもも大喜びで、私も近隣のショップより安く買えて、うれしい」などのいわゆる「お客様の声」です。

このレビューの数（量）で、検索の上位に行くので、各ショップがあの手この手でレビュー獲得競争をしています。

実店舗がない分、ネットショップのほうが店舗よりも顧客に「安心感」を与えることに気を使っていることは間違いありません。ここで言う「安心感」とは、言い換えれば「販売実績の表現」です。そして、この表現は質よりも量によってのみ磨かれるのです。

▼▽▼リアル店舗はどのように「安心感」を表現するか？

「この地域で20年以上商売をしている」「しっかり接客をして、満足してもらうことを社是にしている」という店主の方は多くいます。

しかし、お客様は地域で長らく商売をしているから、買い物をしてくれるわけではありません。接客を売りにしている店だと認知もしていません。

私のこれまでの経験から見ても、こちらが思っている3分の1ほども、顧客は店側のアピールポイントを認識していない、というのが実情ではないかと思っています。

「うちはずっとここで商売をしているのだから、お客様にもうちのよさは伝わっているだろう」という、思い込みや甘い認識は捨てましょう。

売場では、まずお客様の「このお店で買って大丈夫だろうか」という不安を取り除く必要があります。

売場での表現のポイントは次の3つです。

① **「売場」表現で顧客に与えるべきは「安心感」**

② **質にこだわらず、量にこそこだわる**

③ **「これまでの自店の販売実績」の整理が、差別化・独自化になる**

「顧客に『安心感』を与える自店の商品やサービス」を収集し、展示・表現することは、すぐに売上につながるものではありません。けれど、コツコツと続けることによって、ある一点を突破すると大きな反響が返ってきます。

商品の購入者の意見や感想、「この店にはあの有名人も来ている」という自店の実績の表現は、顧客の安心感につながる

2 店にあふれる販売実績を効果的に表現する

▼▽▼あらゆる店にあふれている宝の山を見つけよう

私は家業を継ぐ前に、関西の有名なスポーツ用品店で5年間修業をし、店づくりや店舗運営の基本を教えてもらいました。

特に印象的だったのは、スキーやスノーボードの担当をしたときのことです。

お客様は商品を選び、内金を支払います。そして、後日残金の支払いと商品の引き渡しを行なうのですが、それまでの期間、売約済みの商品も展示するように売場に並べます。

1セット販売すると、数字上の在庫は1セット減りますが、商品のボリューム感を減らさずに、まさに今期の人気ランキングを発表しているようなものです。

今どんな商品が売れているのか、他のお客様はどんな商品を買ったのか、お客様は熱心に見ていきます。

お客様には、売れていない店よりも売れている評判の店で買いたいという当然の欲求があります。その欲求に応えるのが、「この店で大丈夫」「みんな買っている」と伝える、「売場」での表現です。

どんな店にも販売実績はあふれています。今商売を続けているということ、商品を売ってきたというその事実は、コスト不要で、顧客に「安心感」を与えることのできる宝の山なのです。

▼▽▼販売実績を見せることの重要性

スキー用品の例は商品が形あるものであること、販売と引き渡しまでのタイムラグがあったことがラッキーだったのだと思います。

しかし、このような「販売の痕跡」で、顧客に安心感を与えることは多くの店でも行なっています。

マツモトキヨシの創業社長は、在庫を多く見せるために空箱を陳列していたと言います。

他にも、クリスマスに予約したケーキを引き取りに行き、○○様と書かれた箱が山積みになっていたら、人気がある店に見えるし、よりおいしそうに見える、ということもあると思います。

顧客に安心感を与えるために、自店の売りであるサービス、商品をどのように売ってきたのかを、目に見える形で、売場で表現しはじめることが大切です。

ライバルに差をつけろ
今年のスノボトレンドはこれだ！
この冬はこれで決まり！
スノボ最新モデル！
売約済
売約済
売約済
売約済
○△様
□▽様
○○様
△▽様
□△様

3 結果だけを求めても、効果は上がらない

▼▽▼なぜ効果が出ないのか？

「売上を上げろ」「接客をしろ」……私もそう言われてきましたし、そうスタッフに指示してきたこともありました。

でも、残念ながらそのような指示で、顧客に継続的にお買い上げいただき、業績が伸びたことはありません。プロセス重視ではなく、結果だけを求めたからです。

当店が大事にしている販売のプロセスは、「顧客のスポーツライフスタイルを強く楽しくカッコよく」する、ベストな商品をチョイスしてもらうためのアドバイスやサポートです。

これを実現するのが売場づくりや接客です。場所（売場）と人（スタッフ）を効果的に連動させましょう。

▼▽▼発注書は売場づくりの設計図。使い倒そう

小売業にとって、仕入は非常に重要なポイントです。当店では、「実績を記録すること」を大事にしています。

仕入に使う発注書から、売場づくりを一緒に考えてみましょう。

自店で販売する商品は、月間、年間単位で計画的に発注をしておかなければなりません。

規模の大きいチェーン店や、メーカーに発言できるような大きな店は、売れなければ返品したり、引取拒否ができるそうですが、街の中小店がそんなことをしたら、メーカーや問屋の信用をなくしてしまいます。

私の店では、シーズン終了時に、この発注書をそのまま集計表として使用します（左ページ写真）。

すると、「仕入→入荷（＝売場づくり）→販売」というように、点の行動が線になります。売れるであろうと予測した発注数と、実際に販売した数量を同じ用紙に記録することで、売場にも変化が生まれました。

例えば陸上のスパッツでは、高機能モデルは商品特性を理解した競技に詳しい方が買うのに対し、低価格モデルは初心者の方が多く買われるため、本来の効果を発揮する「きついぐらい」のサイズの売れ行きがよくありませんでした。

数字を記録することで、このようなことが見えてきたので、きちんと商品特性を説明し、誰もが一番効果的なサイズを購入できるような売場の改善につながりました。

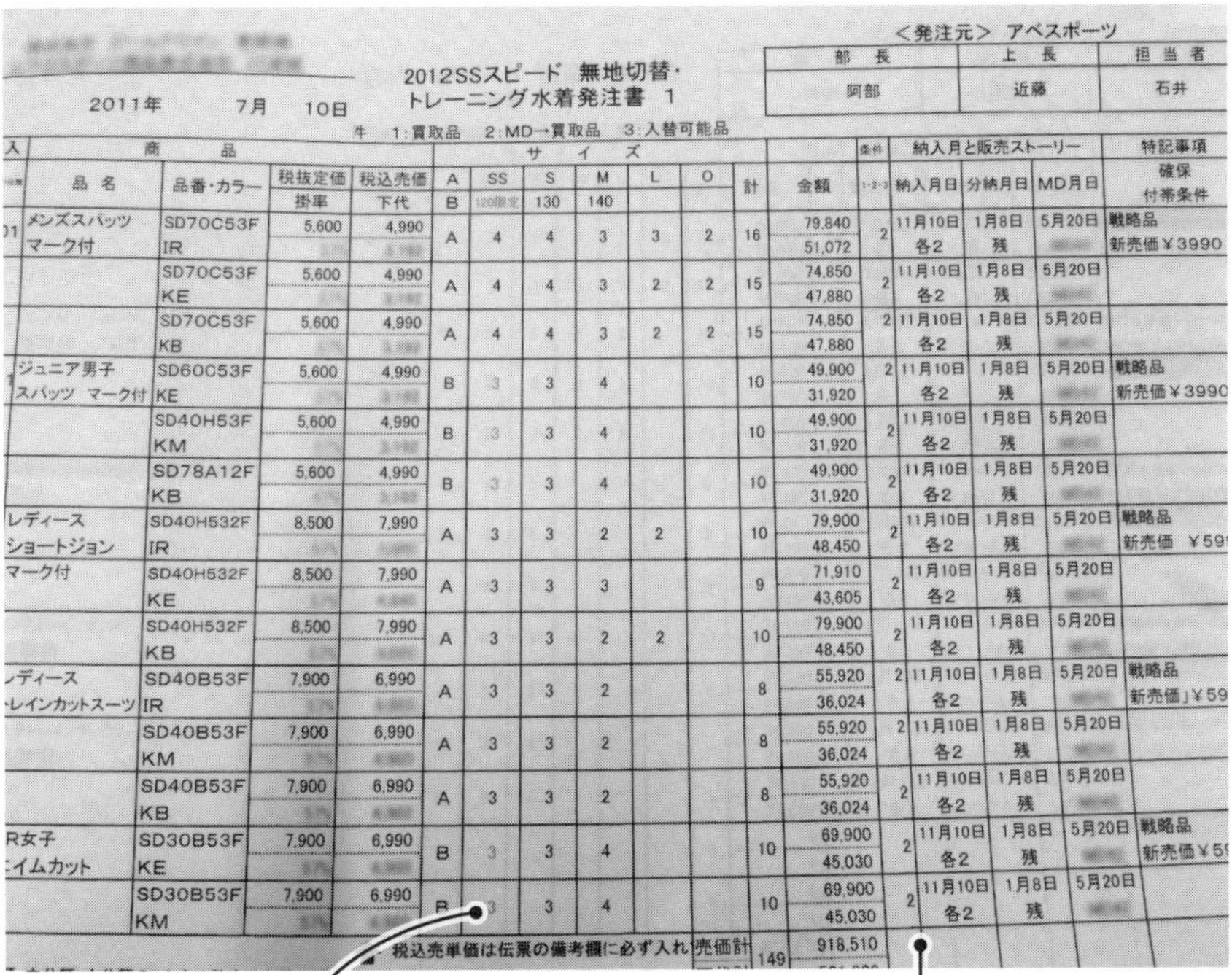

<発注元> アペスポーツ

部長	上長	担当者
阿部	近藤	石井

2011年　7月　10日

2012SSスピード 無地切替・トレーニング水着発注書 1

件 1:買取品 2:MD→買取品 3:入替可能品

品名	品番・カラー	税抜定価 掛率	税込売価 下代	A B	SS 120限定	S 130	M 140	L	O	計	金額	条件 1・2・3	納入月日	分納月日	MD月日	特記事項 確保 付帯条件
メンズスパッツ マーク付	SD70C53F IR	5,600	4,990	A	4	4	3	3	2	16	79,840 51,072	2	11月10日 各2	1月8日 残	5月20日	戦略品 新売価¥3990
	SD70C53F KE	5,600	4,990	A	4	4	3	2	2	15	74,850 47,880	2	11月10日 各2	1月8日 残	5月20日	
	SD70C53F KB	5,600	4,990	A	4	4	3	2	2	15	74,850 47,880	2	11月10日 各2	1月8日 残	5月20日	
ジュニア男子 スパッツ マーク付	SD60C53F KE	5,600	4,990	B	3	3	4			10	49,900 31,920	2	11月10日 各2	1月8日 残	5月20日	戦略品 新売価¥3990
	SD40H53F KM	5,600	4,990	B	3	3	4			10	49,900 31,920	2	11月10日 各2	1月8日 残	5月20日	
	SD78A12F KB	5,600	4,990	B	3	3	4			10	49,900 31,920	2	11月10日 各2	1月8日 残	5月20日	
レディース ショートジョン	SD40H532F IR	8,500	7,990	A	3	3	2	2		10	79,900 48,450	2	11月10日 各2	1月8日 残	5月20日	戦略品 新売価 ¥59
マーク付	SD40H532F KE	8,500	7,990	A	3	3	3			9	71,910 43,605	2	11月10日 各2	1月8日 残	5月20日	
	SD40H532F KB	8,500	7,990	A	3	3	2	2		10	79,900 48,450	2	11月10日 各2	1月8日 残	5月20日	
ディース レインカットスーツ	SD40B53F IR	7,900	6,990	A	3	3	2			8	55,920 36,024	2	11月10日 各2	1月8日 残	5月20日	戦略品 新売価」¥59
	SD40B53F KM	7,900	6,990	A	3	3	2			8	55,920 36,024	2	11月10日 各2	1月8日 残	5月20日	
	SD40B53F KB	7,900	6,990	A	3	3	2			8	55,920 36,024	2	11月10日 各2	1月8日 残	5月20日	
R女子 イムカット	SD30B53F KE	7,900	6,990	B	3	3	4			10	69,900 45,030	2	11月10日 各2	1月8日 残	5月20日	戦略品 新売価¥5
	SD30B53F KM	7,900	6,990	B	3	3	4			10	69,900 45,030	2	11月10日 各2	1月8日 残	5月20日	
税込売単価は伝票の備考欄に必ず入れ									売価計	149	918,510					

発注し終えたら、注文数の欄は販売数を記録する欄として、定期的に上書きしていく

入荷日、追加日、値下げ日など発注した後の各商品の動きも記録することで、翌年の参考になる

発注書は予測・計画であり、
結果は別に集計されることが多く、
中小店では結果を見ないことも多々ある。
発注書を集計用紙として使用することで、
事前の予測が合っていたかの検証ができ、
次の発注に活かすことができる

4 知り合いを見つけてお客様が「安心感」を得られる売場

▼▽▼「共通の知り合い」を見つければ安心感アップ

よく新入社員に、自店の商品やサービス・事例の収集と展示をする意義を伝える際に伝える話があります。

中学を卒業し、友人数人で遊んでいる春休みに、商業施設で怖いお兄さんに絡まれてしまったとしましょう。田舎ならではかもしれませんが、ここを切り抜ける最良の手は「共通の知り合いを探す」ことです。

私も「○○さんの近所の後輩です。小さいとき、よく遊んでもらっていました」で切り抜けたことがありますし、新入社員の子たちも似たような経験があるそうです。

この心理は、「安心感」を与えようとする販売実績の店頭表現でも同じだと思います。

▼▽▼商品より先に知り合いの写真を探す水着売場

2008年の北京オリンピック以降の数年間、水泳売場は混乱を極めました。世に言う「高速水着問題」です。

今までの水着と素材が大きく異なるため、ベストサイズが変わってしまう、という問題が当店でも起きました。

そこで、購入者の選んだ商品の「見える化」をはじめました。購入したモデル、カラー、サイズと自分の目標・ベストタイムをカードに書いてもらい、展示したのです。

高価な水着ですので、代金を支払う親御さんは子どもの成長を考えて、大きめのサイズを買いたくなります。そんなとき、このカードを見てもらうと「○○中学のAさんがSサイズなのに、あなたがMサイズは大きすぎるね」と感じてくれます。

地域の強豪選手というのは、何度も大会で顔を合わせますから、他校の生徒でも、自然と知り合いになることが多いのです。

こうして「店員さんは、ぴったりのものを買わせて、大きくなったらまた買わせる気なんだろう」という顧客の不安を知り合いのお客様に払拭してもらったのです。

最終的にこのカードは700枚を超え、今まで来店されたことのない地域からの顧客も増えました。

ベストなサイズを選んでもらいたい、という店側の取組みが、「あの○○さんもここで買っている」、「選手はみんなここで買っている」という好意的な口コミにつながったのでした。

顧客情報を店用に記録するのではなく、顧客のために売場で「見える化」する

知り合いの情報を自身の買い物の参考にしている光景

5 顧客とのつながりを表現して「安心感」を与える売場

▼▽▼草野球のユニフォーム展示は500チーム超え

野球やサッカーなどのチーム競技を扱う我われにとって、ユニフォームの注文を受けるということは特別な意味を持ちます。スタッフと顧客の関係から、店とチームの関係になるからです。

飾りとして店の階段に、メジャーリーグの球団のユニフォームを飾っていたこともありましたが、2005年から自店で手掛けたユニフォームを1着余分に作成して、飾ることにしました。

社内でソフトボールチームをつくった際に、売場に飾ったユニフォームの展示が好評だったからです。

2年後には階段の壁面すべてが受注したユニフォームで埋まり、3年目には階段の中央に展示のための什器をつくりました。

5年目ともなるとユニフォームの影で階段が暗くなることもあって、電球も取りつけました。

この展示は量が増えるにつれ、新たな意味を持ちはじめ、新たな利用方法が生まれてきました。

▼▽▼顧客の声で気づかされ、今も続ける理由とは

ユニフォーム展示を続けていくうえで、余分に1着つくるのは経費的にも負担がかかります。

そのため、ユニフォームのサンプル作成をやめた時期がありました。

しかし、「3カ月前につくった俺たちのユニフォームはいつ飾ってくれるの?」という顧客の声と、「一つひとつのチームとのつながりになっているので、ぜひ続けさせてほしい!」というスタッフの言葉で、サンプル作成を再開する決意をしました。

自店の都合ではじめたユニフォームの展示でしたが、顧客のチームにとってはステータスとなり、スタッフにとっては顧客とのつながりの象徴になっていたのです。

このことを仕入先に伝えると、サンプル作成分の経費を負担してくれることになりました。

ユニフォームの販売数が伸びたことで、仕入先の売上も上がったためです。

「量」にこだわる表現を続けることで、見えないある一点を突破し、新たな意味を持ちはじめた瞬間でした。

圧倒的な量のユニフォームを展示した階段。右側の階段の手すりの上はもともと何もない空間だったが、天井からネットを張り展示スペースをつくった

最初の頃は、このようにキレイに並べて展示していた

6 自前のカタログをつくれば、差別化になる

▼▽▼先輩も憧れの選手もここで買っている、という証拠

野球のグラブには、既成のものと、別注で作成するオーダーグラブがあります。皮の種類やパーツを選び、カラーや紐を指定し、刺しゅうも入れられます。

硬式野球用だと4~6万円程度なので、安いモノではないですが、高校球児や草野球の愛好者からもご注文いただきます。

オーダーグラブは、基本的にどのスポーツ用品店でも注文はできます。ただ、その仕上がりは、担当者の目に見えない経験値からのアドバイスに左右されます。

当店では、それを目に見える形にするために、今までに作成したオーダーグラブの写真をアルバムにしました。

その中には、引退した部活の先輩のグラブや、他校の憧れの選手のグラブもあります。

最近ではグラブの注文時に限らず、来店した野球部員が興味深く見ています。

私たちは過去の作成事例集として用意しましたが、球児にとっては「自分もこの一員になるんだ」という喜びがあるようです。

販売実績は一定量集まると、「整理→分類」ができるようになります。

▼▽▼販売実績の整理は独自化であり、差別化につながる

このアルバム、ある時期までは時系列に沿って収めていましたが、アルバムを見る彼らは、好きなブランドをチェックする子や、自分のポジションのグラブをピックアップして見ている子など、さまざまです。

中には、誰もつくったことがないような、変わったグラブをつくろうとしている一般の方もいます。

そこでブランドごと、ポジションごと、価格ごと、と写真の並べ方を何通りか試してみました。現在は、最も見やすいと評判の「ポジション別」にしています。

小売業の独自化の最大のポイントはアソートメント（商品構成や品揃え、系列構成）だと言う人がいます。

このオーダーグラブのアルバムの件はまさに、アソートメントが自店の独自性につながった例だと思います。

このアルバムこそが、自店にしかない価値になっていたのです。収拾した量の整理の仕方が、差別化・独自化になるのだ、と実感しています。

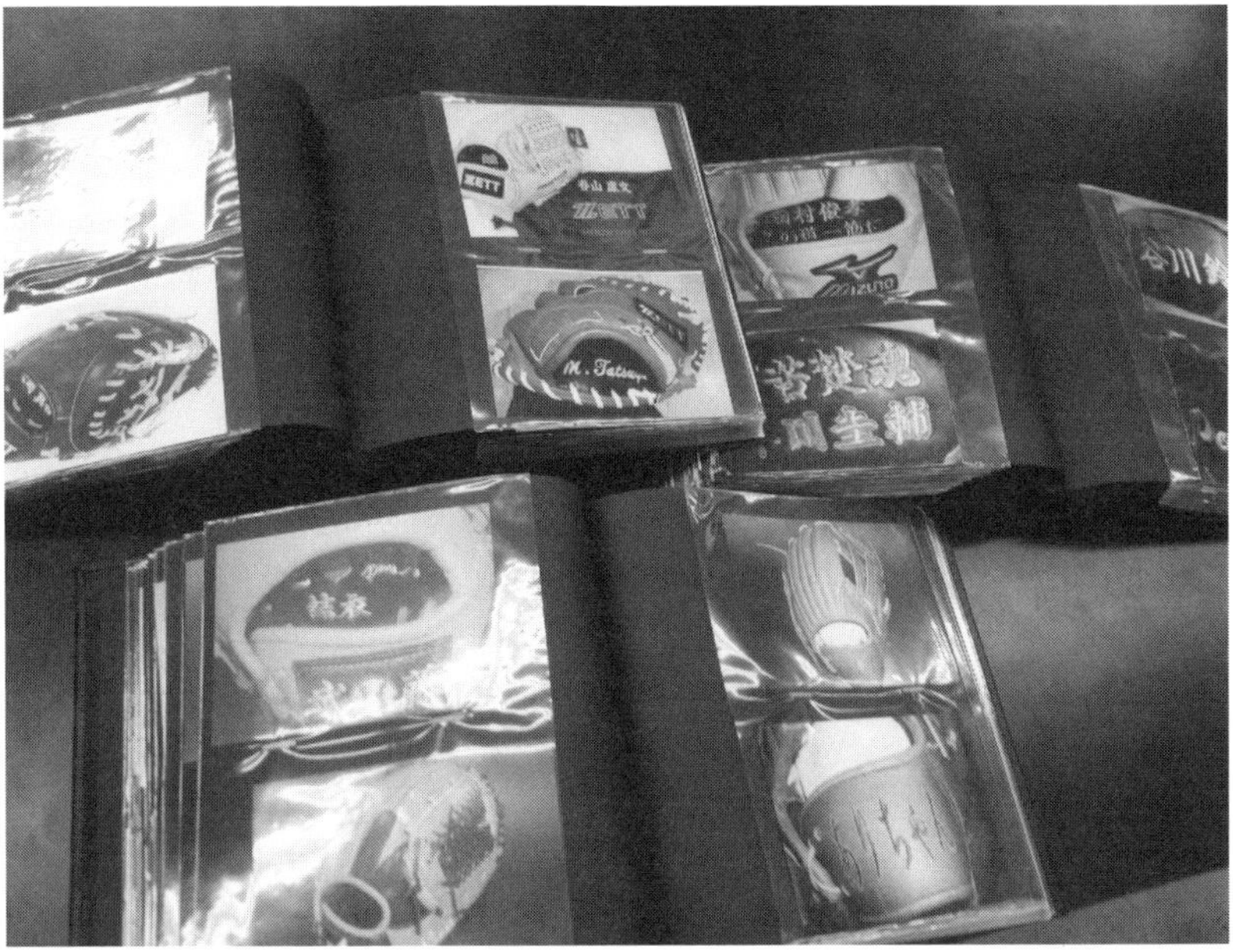

ある一定の量を集めたことではじめて「整理→分類」ができるようになる。この分類の仕方こそが自店にしかない価値となる

7 顧客の不安をひとつずつ払拭していく

▼▽▼自分の子どもが進学して知った顧客としての不安

あなたのお店には、自治体や学校などの指定品、メーカーの特約商品など、あなたの地域で自店のみか、自店を含め数店しか扱えない商品はありませんか？

当店の場合は学校体育着がそうです。全売上の5％くらいですが、入学シーズンに集中して動く商品群です。

つい最近まで、この学校体育着の販売を顧客目線で考えていなかったことに気づきました。特に親御さんの気持ちを理解できていませんでした。

私が住む学区の高校は、入学前の指定された1日しか販売日がありません。

自分も親の立場なので実感していますが、親御さんは我が子がきちんとサイズを選べたのか、数万円のお金を持たせて大丈夫か、といろいろと気にかかるものです。

私は今までその不安を解消していませんでした。

▼▽▼一見、非効率に思える仕組みこそ強み

業者側は学校側のルールや期日を変えることはできませんが、やり方は独自にできることが多くあります。

先ほどの学校体育着の問題も、県立高校の合格発表から入学前の体育着販売日まで当店は無休にし、店頭で取扱い高校の体育着を試着も販売もできるようにしました。

その取組みが認められ、ある高校で体育着はすべて入学前に当店で試着・注文を終えるように指定してくださいました。

これは、上で挙げたような親御さん（顧客）の不安を取り除くことができたからだと思います。実際にそれまでうちの店を知らなかったけれど、体育着販売を通して当店のファンになった、という方もいらっしゃいます。

また、今まで体育着販売に充てていた時間を、校歌の練習や父兄への説明会に充てられるようになり、学校側にとってもプラスだったようです。

真摯に顧客の要望に応えようとすると、今回で言えば定休日をなくしたり、体育着試着用のスペースを増設したり、と非効率的な動きをしなければならないことも多々あります。でも、地域密着店の強みのひとつは、効率だけを求めないことです。

顧客の不安を取り除くことができるのなら、それは他店にはできない「安心感」の提供につながります。

通常の学校での体育着販売の様子。試着もできないし、学年全員が 1 日に購入するので非常に混雑する

店頭で販売する試み。試着室を設け、販売日数を広く設けることで顧客の不安感をなくす

8 自店の商品のバックグラウンドを見せる

▼▽▼工場と売場が一体化した圧倒的な店頭

売場で安心感を与えるポイントについて、中古タイヤの売場の事例から、他業種での実践について考えてみましょう。

私の住む足利市に「エコアール」という会社があります。エコアールは私が子どもの頃は、自動車の解体業者でしたが、近年、買取、解体、再生、販売を一括で行なう、自動車のリユース企業に生まれ変わりました。

エコアールＤＳ館は、自動車の解体工場に隣接した中古のホイールやタイヤの販売を中心としたショップです。

一般的なカー用品店との違いは、自動車再生工場に隣接しているため、常に品揃えが変化し、それをダイレクトに表現できるところです。

日々解体した車から程度のよいホイールやタイヤを選び出し、売場に陳列することで、いつ行っても違う品揃えを味わえます。

このお店は、前述した「売場表現の3つのポイント」を見事に実践されていると思います。

店舗はスペースが限られています。そこに在庫する商品が選び出された経緯を表現することや、自店の商品量を端的に目に見える形で表現することは、まさに「顧客の知りたい情報」を伝えることです。

エコアールは圧倒的な量の陳列、というこの会社ならではの方法でそれを表現しています。

▼▽▼店頭に出ている商品の向こう側を見せる

エコアールの場合、解体した状態のいいタイヤが売場に並ぶわけですが、このような事例は他にもあります。

最近のパン屋さんは、調理過程を売場から見られる店が多いように思います。スタッフが調理場から出てきて、できたてのパンを並べると思わず手が出てしまいます。

「調理場は乱雑だから」「バックストックは企業秘密」と、手をつけていない方も多いのではないでしょうか。

他者に見られることで乱雑さは改善しますし、そもそも個店のバックストックの秘密なんて、たいしたものではありませんから、見せてもデメリットはありません。

顧客に「このお店なら安心」と感じてもらうために、「店頭に出ている商品の向こう側」を売場で感じてもらうことはとても重要です。

圧倒的な量のタイヤの陳列。隣の解体工場から直に運ばれてくる、という安心感がある

9 「その商品を仕入れた理由」を感じてもらう

▼▽▼自店が「選んだ理由」を表現する

スポーツ、本、食材、アパレル……あらゆる業種の店において、「商品量では大型店に勝てない」という話を聞きます。

しかし、どのお店も自店に並べる商品を選ぶ際、他よりも優れた点があった、自店の顧客にマッチすると思った、など「選んだ理由」があったはずです。

選ばなかった商品もまた、前項でお話しした「店頭に出ている商品の向こう側」として意識したとき、選んだ理由による分類が他店との差別化・独自化になり得ます。

以前、静岡県に出張に行った際、同行したメンバーとホテルの部屋で飲もうと、宿泊先の近くの酒屋さんに寄りました。

その店の焼酎のコーナーが秀逸でした。店主と思われる方が九州の蔵元を訪ねる写真が展示され、店に置いている焼酎の特徴が書かれていたのです。

そして、各商品には「焼津のカツオにはこれが合う！」と断言するＰＯＰがついています。それを見て、「ここまでプロが目利きしてくれればまずいはずがない」と思い、購入しました。

焼酎の味を語れるほど通ではありませんが、売場での説明書きを見ていたこともあり、一層おいしく感じられました。

▼▽▼同じ品揃えでも表現次第で別の店になる

地域の小売店の多くは、商圏内の顧客を相手に商売をしています。

この酒屋さんでは、ＰＯＰがついていたのは焼酎コーナーだけでしたが、ワインや日本酒のコーナーにも、同じような説明書きやＰＯＰがあったなら、地域のワイン好き・日本酒好きも来店するようになるでしょう。

そしてそれは地域のお客様の生活を豊かに、楽しくしている、ということだと思うのです。

数多くのお酒の中から、その商品を目利きした理由がわかるお店があったらどうでしょう。

店にある在庫だけでなく、選ばれなかった商品、大げさに言えば今世間で販売されている、すべてのお酒が目に見えない奥行きとなって、同じ品揃えでも別の店になるはずです。

どんな顧客を想定した品揃えをしているのかを伝える垂れ幕
ランニングを始める方へ
フル4時間を切りたいランナーへ
大阪のRUN!
¥12,390の品
その顧客向けに、なぜこの商品を選んだのか、を伝える

10 3章のまとめとポイント

2章で「来店」表現では**親近感**を、3章で「売場」表現では**安心感**を顧客に持っていただくことが重要だと説明しました。

これらは、顧客に自店の主張を伝えるためのプロセスだと考えています。

まずは、自店の売りである商品やサービスを収集することからはじめてみましょう。

そして、それを売場で表現していくこと。さらに量が積み重なったところで、その整理の仕方を楽しみながら考えていくのです。

これらの**「実績の収集と表現」を積み重ねる**ことで、他の店からの視察が増えたり、マスコミの取材を受けたりするようになったなら、それは顧客にも必ず伝わっているはずです。

店を変えよう、という取組みをはじめてもうまくいかない、というとき、失敗の多くはそこに到達する前にやめてしまうことで起こるのだと思います。

そもそも商品やサービス自体の量が少ないのであれば、増やす努力を行なうべきです。売りっぱなし、サービスしっぱなし、にするのでなく「集める」という意識を持つことが重要です。

その積み重ねによって、顧客の店への参加意欲や帰属意識は高まります。

当店で言えば、水着のカードやユニフォームの展示、オーダーグラブの写真の収集です。

記録をはじめる→記録の量が増えるような仕組みを考える→増えはじめる→記録した「量」の整理を行なうというサイクルは非常に楽しいものです。

自店の事例の他に、クリスマス期のケーキ屋さんや中古のタイヤ店、酒屋さんの焼酎の話も紹介しました。

あなたの地域ではいかがでしょうか？　商売人といえども、他のお店では「お客様」ですから、意識して見ていれば、普段の買い物の際にでも、「これはうちの店に使えるな」というものがあるはずです。

さらに「このお店の表現は優れているな」と感じる店舗があったなら、週、月など、一定の期間ごとにどのように表現の整理を変えているのかも観察してみるといいでしょう。

文中で紹介した「水着カード」「ユニフォーム」「オーダーグラブ」の展示風景。壁や天井が自店の販売実績で埋まっていくことは自分もお客様も楽しい

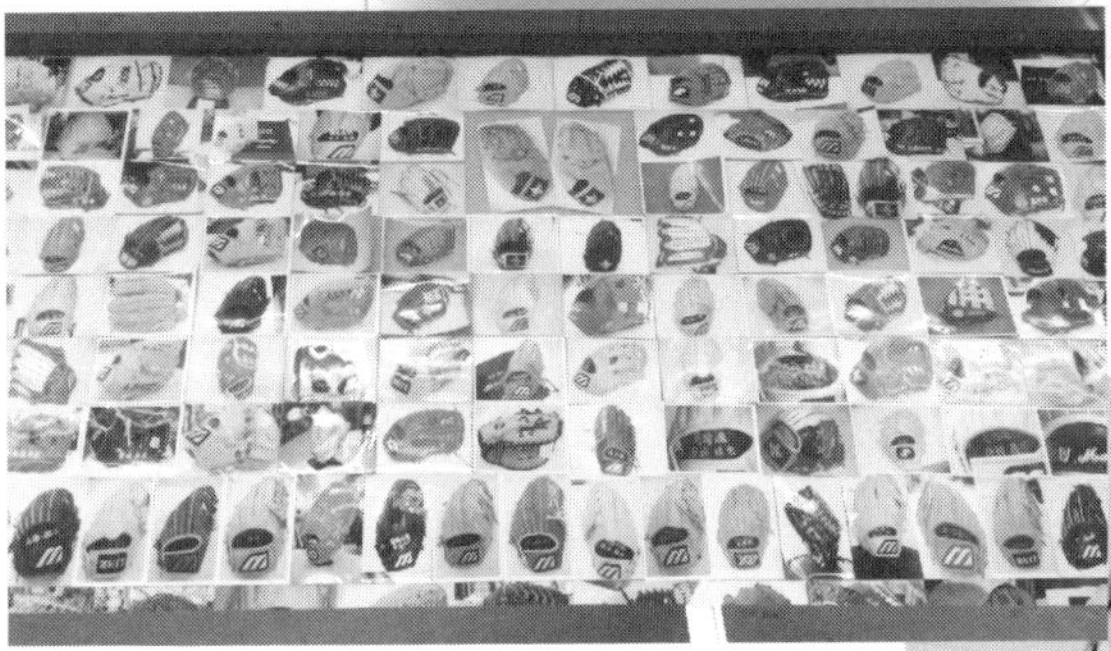

COLUMN 自店の顧客がオリンピック選手に！

水着売場のカードの話を書きましたが、2012年のロンドンオリンピック出場前に、内田美希選手が来店してくれたときの反応は印象的でした。

彼女は以前から自店の顧客でもあり、「オリンピック出場」の垂れ幕を店頭に出していましたが、本人は遠征続きだったのではじめて見たようでした。

それを見て喜んでくれた内田選手が次にとった行動は、記念に自分の垂れ幕の写真を撮ることでした。

高校生アスリートのオリンピック出場ということで、連日報道されていましたし、うちの垂れ幕は珍しいものではありません。でも、地域のスイマーたちが集まる場となっている当店で「褒め称えられる」ということは、学校や市から褒められるのとはまた違った、子どもの頃から競い合ってきたスイマーたちに褒められた喜びを感じてくれたようです。

この行動で教えられたことは、もうここまで認知されたのだから、店の都合で勝手に止められないということです。続けていく責任を感じました。

4 章

ストーリー② 売場・接客

未来の自分をイメージしてもらう売場

1 売場に必要なのは「未来の自分の想起」

▼▽▼テレビCMのような提案を自店の売場で

大企業はテレビCMで、対象顧客にイメージを打ち出し、自社商品を使ったライフスタイルを提案します。最近の車のCMは、性能や技術力のPRよりも、家族との思い出づくりや自分の行動範囲を広げることへの期待感など、その車を購入した後に起こるであろう新しい生活を想起させる内容が多いです。

私たちのような地域密着店は、売場でその商品を使ったライフスタイルを提案するべきです。ライフスタイル提案が大げさな言い方ならば、顧客に未来の自分を想起してもらいましょう。

▼▽▼親近感と安心感だけでは、顧客をミスリードしてしまう

ここまでに述べた親近感と安心感の表現で、心地いい店だ、と感じていただく努力はしましたが、それだけでは購入には直結しませんし、顧客をミスリードしてしまう可能性もあります。

知り合いのAさんにはベストな選択でも、自分にとってベストな選択ではないことは往々にしてあるからです。これは「単品指名買い」のときに多く見受けられます。

当店の例で言えば、好きなプロスポーツ選手仕様の商品を見て、自分もそのモデルが欲しくなるというパターンです。気持ちはよくわかりますが、「○○さんと同じ」というだけでは、未来の自分とのミスマッチの要因になることも少なくありません。

ですから、**「その商品を買った後の自分の姿」を想起してもらい、買い物本来の目的に気づいてもらう仕掛け**が売場に必要なのです。そのポイントは次の3つです。

① 売る人の言葉で伝えること
② 身近な成功事例を示すこと
③ 数字や固有名詞で褒め称えること

この3つのポイントを意識した仕掛けで、売場で顧客のニーズと商品を合致させ、最終的に購入に結びつけていきましょう。

私は、「売場づくりは接客するための舞台づくり」と考えています。どんなに優秀なスタッフでも、接客で顧客のニーズを聞き、問題の発見・解決までもカバーするのは無理があると思います。ですから、接客をサポートするための舞台となるべき「売場」が重要なのです。

売場で必要なのは、
商品の「情報」を伝えることよりも
「その商品を使った未来の自分を
イメージしてもらう」こと

2 気づかぬうちに、売場のあるべき姿を見失う危険性

▼▽▼年配のお客様の質問に答えるために生まれたコーナー

素材の技術革新がどんどん進み、冬場の寒い日に着るスポーツウェアも20年前と大きく様変わりしました。暖かいインナーウェアの登場で、薄着でも快適に過ごせるようになっています。

当店でも多くの種類のインナーウェアを販売していましたが、8年前、年配の女性のお客様から言われた、「どれも似たり寄ったりでしょ？　毎日の朝の散歩で使いたいのだけれど、どれが一番いいの？」というひと言で、品揃えを大きく変えました。

小売業に携わる人間ならば、似たような言葉をかけられたことがあるのではないでしょうか。

前項で、未来の自分を想起してもらうには「売る人の言葉で伝える」ことがポイントだとお伝えしました。しかし、すべてのメーカーのすべての商品を、スタッフ全員が試してみることは現実的にはなかなか難しいものがあります。

そこで、翌年から取扱いを1社の商品に絞り、「あったかウェアコーナー」をつくりました。そしてスタッフも全員、1枚はこのインナーを持つようにしたので、自分の言葉でPOPをつくったり、商品のよさを話せるようになりました。

▼▽▼顧客の質問や要望に応える売場づくりを

買い物の楽しみのひとつは選択することですから、これは極端な例です。しかし、複数商品を取扱っていたときよりもコーナーの売上は格段に上がりました。

先ほどの年配の女性客から言われた言葉は、多くの顧客が自身で気づいていない、声なき声だったのです。

取扱い商品を絞った当初は、「他の商品はありませんか？」と聞かれることもありましたが、むしろ「なぜこの商品を選定したのか」と売場で表現することによって、その声もなくなりました。

「ヴィレッジ・ヴァンガード」の手書きPOPは有名ですが、その特徴は一人称で書かれていることです。

自分がどう感じたかを自分の言葉でストレートに表現することが重要なのです。そのためには、まず売り手が自分で使ってみること、感じてみることが未来の自分の想起の最初のポイントです。

取扱いを1社の商品に絞った
「あったかウェア」コーナー

全スタッフが実際に
着用してみることで、
自身の言葉でPOPを
つくることができる

3 身近なトップアスリートが夢と目標を与えてくれる

▼▽▼顧客がトップアスリートになっただけ

当店には、有名なアスリートが来店されることがあります。とても名誉なことですが、別に、有名選手が評判を聞きつけて来店されているわけではありません。

元々は地元のスポーツ少年少女が、トップアスリートになっただけのことなのです。言ってみれば結果論ですね。同世代のアスリート同様、県大会、関東大会、全国大会へ出場するための商品選びや、売場でのひとときを提供してきたに過ぎません。

しかし、彼ら彼女らのような身近な憧れの存在が、他の顧客に与える影響は大きいものがあります。

テニスやバドミントンのラケットに張るガットが、そのベストパフォーマンスを発揮するのは3カ月が限度です。言い換えれば、高価なガットを半年使うよりも、半額くらいのガットを2回張ったほうが、いいコンディションで使い続けられるのです。

こういったことを顧客に伝える場合、身近なトップアスリートの存在は大きいです。

「高いガットのほうが長持ちするだろう」と思っているお客様に、「あの○○選手もこうしていますよ」と伝えることで、信ぴょう性が上がるのです。こういった理由から、自店に来店された有名アスリートの写真は売場に飾らせてもらっていますし、自店の顧客のインターハイや甲子園出場などの情報も、売場で紹介しています。

▼▽▼売場で目的を再認識する

その多くの事例が売場に表現されることでプラスなのは、決して高価な商品がベストではないことを示してくれることです。

各自のレベルや使用目的に応じたベストなチョイスを彼らが後押ししてくれるのです。

最近は自分たちスタッフの言葉で語ることに加え、顧客の中のオピニオンリーダー的な方のアドバイスを活用するようにしています。地域の小売店ならば、たいてい世話好き・教え好きで「○○さんに聞いたらいいよ」と言われるような常連さんがいると思います。そういった身近な影響力のある方の意見を、うまく活用しましょう。

これが、2つ目のポイント「身近な成功事例を示す」ということです。

アベスポーツ

森田あゆみ選手に遭遇！

07年から群馬県が活動拠点

▲なんと女子プロテニス選手（キヤノン所属）の森田あゆみ選手に遭遇！　左は森田選手のガットの張り替えを担当している五十嵐健一さん

アベスポーツ（栃木県足利市）へスイム特集の取材に足を運んだところ、なんと女子テニスプロ選手の森田あゆみ選手（キヤノン所属）に遭遇！　撮影を頼んだところ、快く引き受けてくれました。

森田選手は群馬県太田市出身。「07年より活動の拠点を群馬県に移してからは当店でガットの張り替えをして下さっています」と担当の五十嵐さん。ガットの張り替えのペースを尋ねたところ「ラケットを2回使ったら張り替えるペースです。なので1度にラケットを6本持ってくることもあります」とのこと。ちなみに森田選手が使用しているラケット、ガットはヨネックスのもの。今後もヨネックスのラケットを手に、世界を舞台にさらなる活躍に期待大です。

「スポーツフロンティア」2010年7月12日号（スポーツ商工プレス）

自店に定期的に通ってくれるトップアスリートの存在は、身近な憧れとなる

4 「褒め称えあう」という文化をつくる

▼▽▼テニス売場からはじまり、学習塾の入口を見て確信した

ほんの一例ですが、当店の売場には左ページの写真のような垂れ幕がいたるところに飾られています。

もともとはテニス売場の担当者がはじめたことですが、ある顧客のお父さんからは、「高校によく貼ってある【祝全国大会出場】の横断幕みたい」と喜ばれました。

最近は大会会場での写真を顧客自身に持ってきてもらって、一緒に貼るようになりました。自然発生的に行なっていましたが、あるとき学習塾で入口のボードを見て、積極的に行なうべきことだ、と実感しました。

塾の入口には必ず、東京大学1名合格、早稲田大学2名合格、などと書かれています。

私はこれを塾の宣伝のためのものと認識していましたが、受験勉強を頑張ってきた子たちにとっては当店の垂れ幕と同じく、顧客である受験生やその家族を褒め称えていることになるのですね。

▼▽▼店全体に広げて気づいた、本人よりもご父兄の反応

大会で好成績を修めたら、褒め称える場所は学校なのかもしれませんが、たいていは全校集会で発表される程度です。売場ならば一定期間展示することができます。

あるとき、本人は照れくさそうでしたが、親御さんが店内で垂れ幕の記念撮影をしているのを見て、私もうれしくなりました。

「褒めて伸びる」という言葉があります。褒め過ぎは教育上よくないのかもしれませんが、地域の運動具屋くらいは気兼ねなく褒め称えてあげたいものです。

このような文化が定着すると、一スポーツ用品店だけでは収集しきれない大会の成績も、顧客自ら持ってきてくれます。「よく頑張った」という他意のない気持ちからはじまった垂れ幕が、私の店の文化になっています。

これも、未来の自分の想起の2つ目のポイント「身近な成功事例を示すこと」の表現です。

「褒め称えあう」の表現や垂れ幕が大袈裟に感じるなら、掲示板感覚ではじめてみてもいいと思います。

顧客はその成功事例の裏にある、店を舞台とした人間ドラマを聞きたいですし、未来の自分を重ね合わせたいと思っています。褒め称えあう文化をつくるということは、集客にもつながるのです。

最初に垂れ幕をはじめた、テニスコーナー

いろいろな売場で続けるうちに、店の特徴となっていった

5 顧客が知りたいのはスペックではない！

▼▽▼同年代のライバルが何を使い、結果はどうだったのか

これはスポーツ用品に限った話ではありませんが、メーカーのつくるカタログには、その道のプロが読んでも理解しがたい表現があります。

そんな難解なカタログの情報で、購入を迷う顧客に対して背中を押すことができるでしょうか。私の経験上、商品スペックの説明と購買行動が一致することは、ほとんどありません。

では、売場でどのような表現をすれば、顧客の背中を押すことができるのでしょう？　一例ですが、3章の4で書いた水着カードを思い出してください。

身近なライバルが何を購入し、どういう結果だったのかという生の情報は、まさに「未来の自分の想起」につながったようです。

皆さん非常に敏感に反応してくださり、2着目の水着購入の際には、更新したベストタイムと新たな目標タイムを記入してくれます。

記録と目標が見えるカードは、同年代のスイマーに未来の自分を想起させる、顧客が最も知りたい情報だったのです。

▼▽▼数字と固有名詞はリアリティを生む

このように、新しい商品を購入する顧客に、「安心感」を与えるためにはじめた売場表現が、その商品を自分が使ったときの「未来を想起する表現」になりました。

タイムという数字や、知り合いの名前といった固有名詞がリアリティを生み、未来の自分を想起させるのです。これが、ポイントの3つ目「数字や固有名詞で褒め称えること」です。

近所の蕎麦屋さんで、使う蕎麦粉の産地を毎日貼り替えているお店があります。常連客はそれを見て、蕎麦の種類を決めますが、はじめての方はわかりません。常連の方の注文を横で聞いて、見よう見まねで注文します。

こんなときにも、「10年通う○○さんお勧め」とか、「年間100店の蕎麦屋を食べ歩く○○推奨」などとあったら安心だし、わかりやすいですよね。

これらの情報は、接客で積極的に説明することも必要ですが、どうしたら選びやすくなるだろう、という観察も重要なのです。

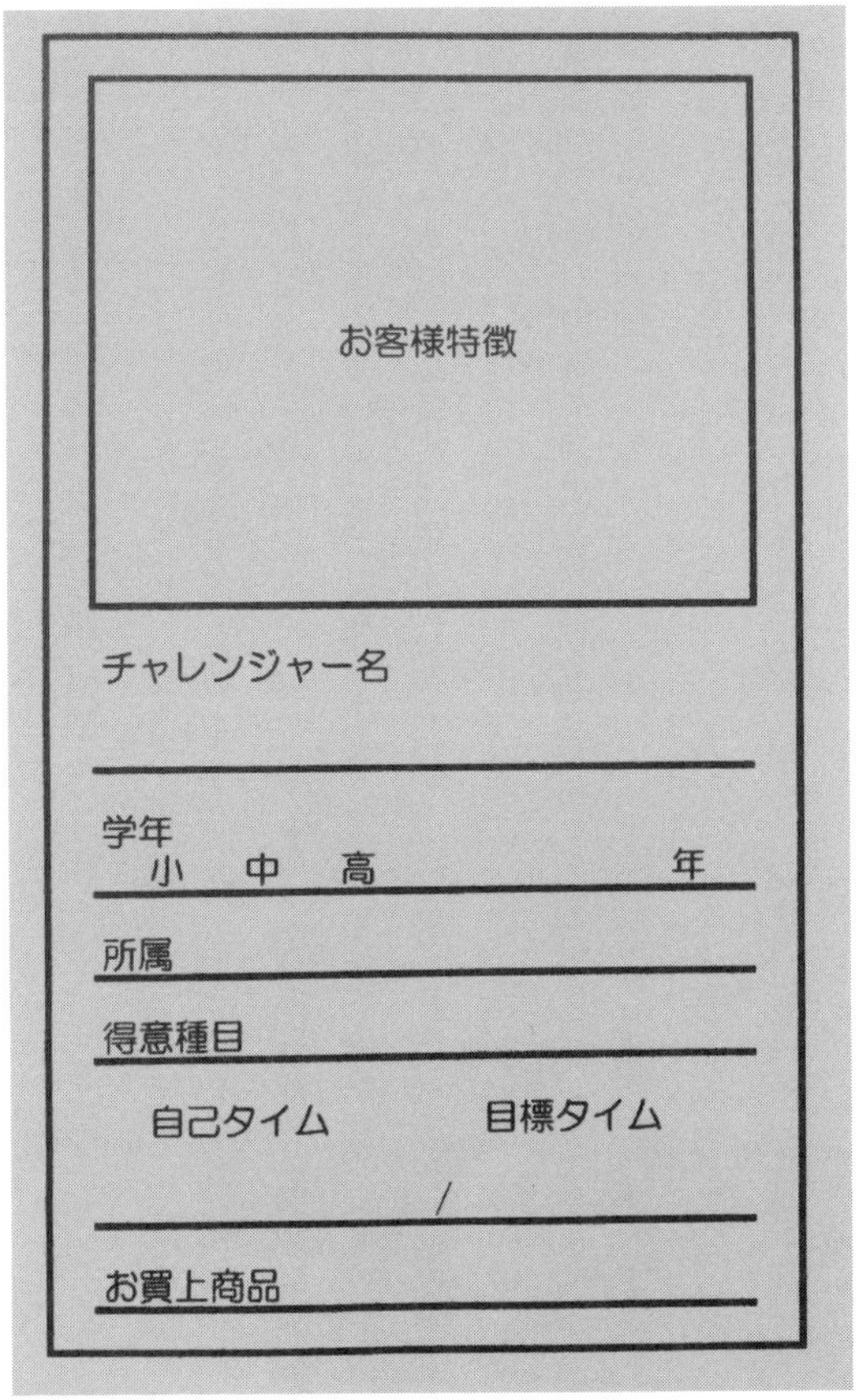

お客様特徴

チャレンジャー名

学年
小　中　高　　　年

所属

得意種目

自己タイム　目標タイム
/

お買上商品

顧客が知りたいのは、カタログを読めばわかる情報ではなく、同年代のライバルは何を買っているのか、その商品を自分が使ったらどうなるのか、がイメージできる情報

6 地域と売場がつながったときの発信力は強い

▼▽▼単品の販売量で異常値を叩き出す

「未来の自分の想起」のための3つのポイントについてお話ししてきました。ここではどのようなタイミングで、その効果が身を持ってわかるのか、ということをお伝えします。

売場表現の目的は、もちろん売上につなげることです。つまり、販売に直結しなければなりません。

数年前まで、学校に水筒を持っていくことはありませんでした。しかし、東日本大震災以降、水道水の放射線量についての問題が話題となり、また、部活中の熱中症も問題となっていた時期には、学校側から水筒持参を許可する連絡があったそうです。

本当なら、情報キャッチ↓商品と売場の準備↓販売、というサイクルになるのが理想ですが、このときは「売場で急な変化を発見（水筒が売れる）↓原因を発見（学校からのお知らせを知る）↓商品と売場の準備↓販売」という順番になってしまいました。

理想の順序とは異なりましたが、この学校からのお知らせを、顧客の親御さんが教えてくれたおかげで、震災の翌年、当店ではあるブランドの水筒を1年間で900個販売しました。この数は、スポーツ用品店が扱う量としては単店舗日本一だそうです。

こんなことは滅多にあることではありませんが、地域と売場がつながったとき、単品の異常値を叩き出すことがある、と実感しました。

▼▽▼自分の言葉で語ると、顧客が別のシーンを教えてくれる

売場には子どもを持つスタッフも多くいますから、主婦目線で自分たちの言葉で、商品情報を伝えてもらいます。水筒の例で言えば、店の駐車場で炎天下、何時間保冷効果があったかをお知らせするスタッフもいれば、毎日水筒を洗う際の注意点を伝えるスタッフもいます。

スタッフが自分の言葉で語ると、スポーツクラブに通うお客様が、家を出てから帰るまで氷が溶けなかったことを教えてくれるなど、お客様もまた自分の言葉で情報を教えてくれます。こうして得た情報をまた売場で発信し、さらなる売上アップにつながりました。

自分の言葉で語ることで、顧客は自分の言葉で返してくれて、結果につながる、と実感したいい例です。

地域密着店だからこそ集まってくる情報を前面に押し出すと、驚異的な売上につながることもある

実際に学校で配布されたプリントを使ったPOP

7 商品と顧客を結びつける売る人の言葉

▼▽▼自らの経験を成功事例として顧客に伝える

顧客に「未来の自分を想起してもらう」ためのポイントのうち、「売る人の言葉で伝えること」と「身近な成功事例を示すこと」の必要性を理解したのは、数年前にあるチラシを見たことからです。

そのチラシは「大慶堂」という埼玉県深谷市にある漢方薬局の女性社長自らが、ダイエットのプロセスを公開したものでした。

ダイエット商品のチラシというと、使用者の体験談などを載せたものはよく見ますが、経営者が自ら出ていることに驚きを感じたのです。

社長の大谷さんが語る言葉は実践者のそれであり、まさに「身近な成功体験」です。

私自身、売場で大会の成績やベストタイムなど、顧客の実例を挙げていますが、気づきを得たのはこのチラシからでした。

商品やサービスのよさを顧客に知らせなければ、店を運営できません。ご自身の経験を通して顧客にも自分の未来を想起させた、いい例だと思います。

大慶堂のサービスは、ダイエットの他に漢方を通した不妊と皮膚病の対策があります。

「漢方が体にいいのはわかるけど……」という方のために、木目と茶色で統一されたまるでカフェのような内装で、商品が所せましと並ぶいわゆる薬局とは違い、落ち着いた雰囲気です。顧客の問題や課題を聞き、試してもらい、体感していただくことを重視していることが伝わってきます。

▼▽▼いよいよ顧客と商品を結びつける

未来の自分を想起してもらうための売場づくりは、お店によってそれぞれです。

重要なのは、想起してもらう中で商品と顧客を結びつけることです。

店の入口や売場で、親近感と安心感を持ってくださった顧客が、未来の想起した自分になるために必要なものとして、自社のサービスや商品を選んでくれるのです。

大谷社長がそうであったように、メーカーの受け売りではなく「売る人の言葉で、身近な成功例を伝える」ことが大事です。

薬局の経営者が自らモデルになっていることに驚いた、ダイエットのチラシ

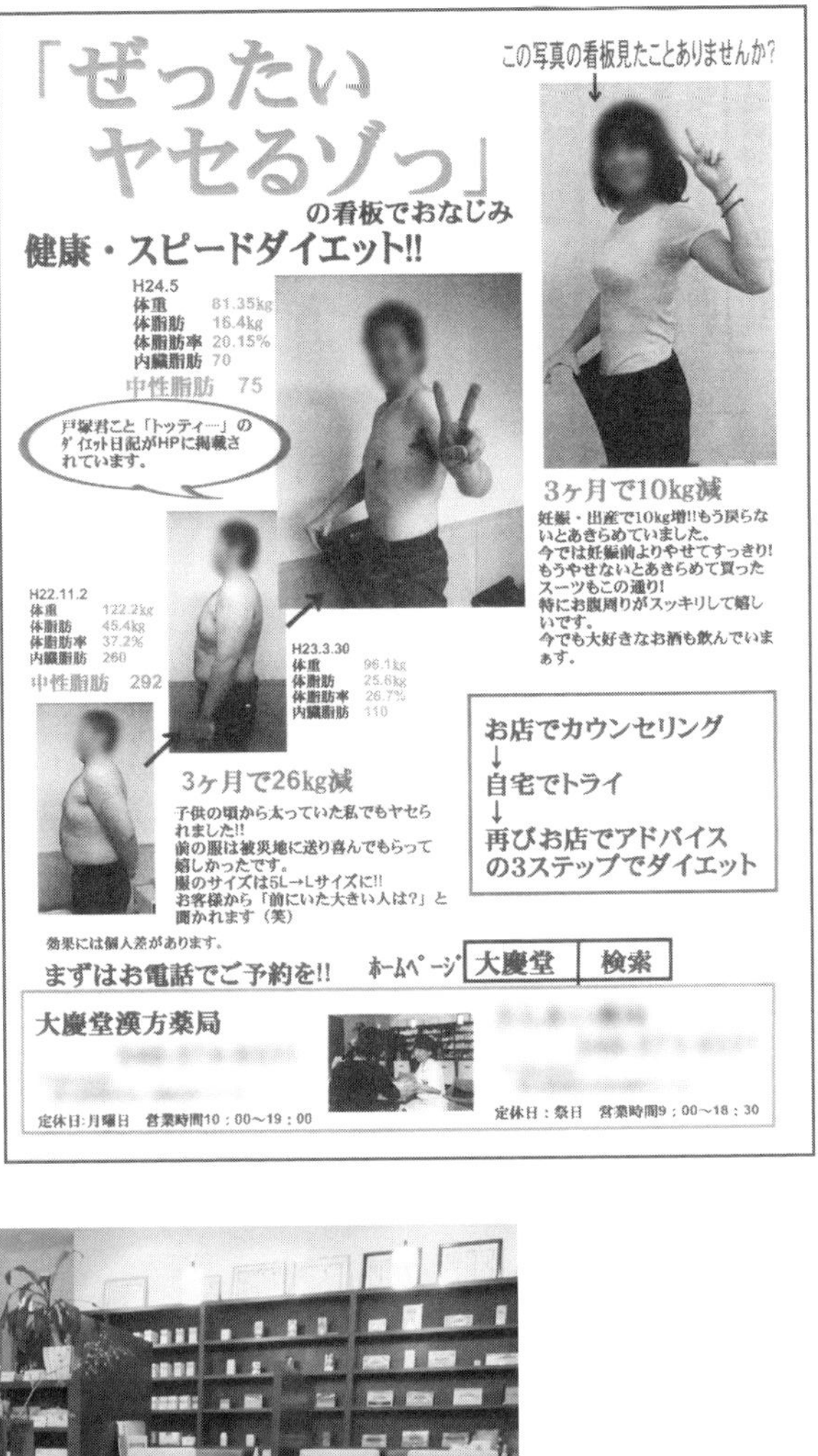

ゆっくりと相談できそうな落ち着いた雰囲気の店内

8 自社の商品を顧客の未来に合致させる方法

▼▽▼リフォーム後の新しい生活を売場で提案する

以前、「東建産業」という地域密着の住宅会社に子ども部屋のリフォームをお願いしたことがあります。

リフォームは普段自分が扱っている商品と違い、これからつくるものなので、イメージ通りに完成するか、不安です。

私がその会社のショールームに行ったのは、どこよりもフレンドリーなチラシを定期的に見ていて、親近感と安心感をすでに持っていたからです。

ショールームで特に目を引いたのが、リフォームの事例を写真展示しているスペースでした。飾られているのは、リフォームした建物というよりも、そこで生活する家族の写真がほとんどです。

これらの写真を見たおかげで、「成長する子どもと共に過ごす未来の自分」を想起することができました。

社長の國定氏によると、はじめに写真の展示スペースを案内し、ヒアリングを終えてから再度、写真展示スペースで似たような問題点を克服したリフォーム例を紹介すると、お客様が最初に「いい」と思ったものは、やはり「いい」と感じるそうです。

重要なのは、最初の「いい」とヒアリングの後の「いい」の違いです。なぜいいと思ったのか、という理由が明確になるのです。

漠然としていたイメージが、未来の自分たちの生活のハッキリとしたイメージに変わるそうです。

▼▽▼顧客に合わせたサービスをつくり出す業種の方に

この章の冒頭で、目の前の顧客に対して、未来を想起させる売場をつくることの重要性に触れました。

その「未来の自分の想起」ができてこそ、自店の商品と顧客のニーズがしっかりとマッチし、購買へと結びつけることができるのです。

東建産業が行なっている展示スペースは、顧客の未来の生活を想起させることと、自社のサービスや技術を合致させてくれます。

私の店のように、完成品である商品を販売する小売店よりも建築や保険など、顧客に合わせたサービスをつくり出す業種の方には、特に参考になる事例ではないかと思います。

家の写真よりも、実際にリフォームした顧客が生活を楽しんでいる様子をクローズアップした展示

9 褒め称えあうことで帰属意識を強める

▼▽▼丁寧なPOPが帰属意識を高めてくれる

足利市内に「アンタレススポーツクラブ」というスポーツジムがあります。

大人が体力増強や健康促進のために通うジムと、地域の少年少女を対象としたスイミングクラブ、という2つの面を持っています。

私の子どもたちも、小学校低学年時にこのスイミングクラブに通わせてもらっていました。

子どもの送り迎えなどで伺う際に楽しみなのが、スイミングクラブのPOPです。

選手クラスの子どもたちの大会の結果や、新しく入った先生の紹介、夏休み・冬休みのバス旅行のお知らせなどもあります。

一時期、写真の掲示のみになっていたことがありました。そのときに非常にさみしく物足りなく感じ、父兄という立場ですが、気づけばこのスポーツクラブの一員になっていたのだな、と思いました。

▼▽▼顧客同士、スタッフと顧客の会話のきっかけをつくる

スポーツクラブも小売業同様に、ここ数年は全国規模のチェーン店の出店が相次いでいます。

仕事上お付き合いのある近隣のスポーツクラブの方にお話を聞くと、ジムに通おうという顧客には「未来の自分」はイメージしてもらいやすいため、それ以上に、スタッフと顧客のつながり、さらに顧客同士のつながりを重視した取組みを強化している店舗が多いです。

「○○さんが、今度トライアスロンに挑戦されます」「○○さんが10週間のダイエットプログラムに成功しました」という貼り紙をして、顧客同士の会話のきっかけをつくったりしています。

商品、サービスを使った後の自分を想起してもらう3つ目のポイントである「数字や固有名詞で褒め称えあう」ことをされているのです。

ゴルフ場のクラブハウスに飾られる、会員のハンディを表示したボードなども同様ですね。

もちろん顔や名前を出されることを好まないお客様もいらっしゃいます。

まずは仲のよいお客様にお願いをすることからはじめてみてもいいでしょう。

毎年好評の、スタッフの似顔絵入りの年末のお礼状。「来年も私たちが、皆さまの理想に近づくお手伝いをいたします」という気持ちが込められている。「先生、そっくりだね！」など顧客との会話のきっかけになる

10 4章のまとめとポイント

2、3章ではまず来店されるお客様に「親近感」「安心感」を持ってもらうことの重要性をお話ししました。そして4章は、来店いただいた顧客に商品を選んでもらうステップです。

顧客が商品を購入する過程はさまざまですが、安いかどうか、希少価値があるかないかよりも、**「顧客自身がその商品を使ったシーンを思い浮かべることができるかどうか」**を最重要に考えましょう。

未来の自分、その商品を使った自分を想起してもらえるような売場をつくることが舞台づくりです。舞台ができてこそ、俳優であるスタッフが効果的な接客を行なえるのです。

未来の自分を想起してもらうということは、アベスポーツで言うと、その商品を使って試合に勝つ場面やベストタイムを更新する場面、またはレギュラーを勝ち取る場面をイメージしてもらうことです。

本章の7で紹介した大慶堂さんならば、漢方薬を通して顧客の問題であるダイエットや不妊で成果を上げ、その後の生活を健やかに過ごすイメージを持ってもらうことでしょう。

「売れるから」「はやっているから」という理由で品揃えをして、一時的に繁盛したとしても、その地域で永続的に必要とされる店にはなれません。

顧客が、その商品を使ったらどうなるのか、未来の自分を想起させるような商品を選び、それを効果的に売場で表現し続けていきましょう。

繰り返しになりますがその際には、「売る人の言葉で伝え、身近な成功事例を目に見えるように示し、具体的でリアリティーのある数字や固有名詞で褒め称える」ことを意識しましょう。

これらが満たされた売場があってこそ、次の章でご紹介するような接客が効率的に機能し、お客様の本来のニーズにあった商品の購入、「ココで買ってよかったな。オレの店だな」という思いへとつながるのです。

あなたの地域のお店の中で、買い物本来の目的に気づいてもらう地域密着店の売場プロセスを実践している、「このお店に行くと未来の自分の姿をイメージできる」と感じるお店を思い出してみましょう。

IMAGE!

COLUMN　ハンカチ王子、現わる！

2006年の夏の甲子園は、史上稀に見る盛り上がりを見せました。

中でも決勝戦の斎藤佑樹投手と田中将大投手の投げ合いは、今でも語り継がれるほどです。

この決勝の翌々日、何と斎藤投手とご家族の方がアベスポーツに来店してくれたのです。

地元が隣の県のため、幼い頃から来店してくれていたそうですが、わずか数日で全国的に有名になった斎藤投手は東京の高校に入ったこともあり、私もスタッフも覚えておりませんでした。

この日は帰郷と、数日後にはじまる高校日本代表のアメリカ遠征のための買い物でした。

売場で写真撮影をさせてもらい、買い物をしていただき、30分ほどで帰られましたが、その後、売場に貼った写真を携帯電話で撮影する女子高生の姿や、顧客に質問攻めにあう売場スタッフたちなど、口コミの力というのをまざまざと感じました。

5 章

ストーリー② 売場・接客

売場は舞台、スタッフは俳優、接客はドラマ

1 接客は売場づくりの最終ステップ

▼▽▼次回にチャンスがある失敗と取り返しのつかない失敗

数ある接客本の多くは、いい意味でも悪い意味でも「接客こそすべての解決策になる」という前提で、書かれているものが多いと思います。

しかし、人間のすることですから、調子が出ないこともあります。年間100試合以上を戦うプロ野球選手でも好不調の波は訪れます。

私自身も当店のスタッフも、ずば抜けた接客技術は持っていませんが、心掛けていることはあります。

それは「責任をはたす」接客をすることです。接客という独立した業務を行なうのではなく、売場の中で親しみと安心感を持ってもらい、未来の自分を想起してもらった顧客を、最終的に自店の商品と結びつけるという責任です。

もし、満足していただけない接客をして、購入につながらなかったとしても、店の雰囲気やスタッフの人柄そのものには満足感を持っていただけることもあります。

その場合、チャンスはまた訪れますが、一時の事情で、ただ売りたいだけで、購入に結びつけたのだとしたら、そのお客様はきっと、もう来店してくれません。これは取り返しのつかない失敗です。

▼▽▼営業マンはアウェイで戦い、スタッフはホームで戦う

通常、営業マンは顧客のホームを訪問し、プレゼン資料やカタログなどで、顧客の「買いたいスイッチ」を押そうと努力します。つまり、営業マンの主戦場はアウェイなのです。

でも、我われ小売店のスタッフは、お客様のほうがホームにやってきてくれるのです。

それならば、ホームである売場を最大限に活用して勝負をすべきでしょう。

ここでは売場という舞台を最大限に生かすことが接客である、ということを理解していただきたいと思います。

売場という地の利を生かして、必勝パターンをいくつも持ち、顧客の買いたいスイッチを押せるポイントを売場内に仕掛けましょう。

この章では売場づくりと接客は別物ではなく、**接客は売場づくりの最終ステップである**という視点でご説明します。

一般的な営業マン

常にアウェイで戦う。自分のトークが武器

顧客のホームに
飛び込んで、
「買いたいスイッチ」を
押せるような
プレゼンをする

小売店のスタッフ

常にホームで戦う。
顧客が自分のホームグラウンドにやってきてくれる。
接客の技術やトークだけでなく、自分をバックアップしてくれる「売場」がある

POPや
陳列された商品、
店内の雰囲気などの
サポートを受けて
接客できる

2 目の前の顧客と観衆という顧客

▼▽▼化粧品売場から学んだ、接客を他の顧客に見せる技

以前、家族でデパートに買い物に行ったときに、はじめてゆっくりと化粧品売場を見て回りました。

その際に、ある売場でスタッフの方がひとりの顧客に化粧のデモンストレーションをされていました。テレビでは目にしたことがありますが、実際に間近で見るのははじめてです。

テレビでは気づかなかったのですが、化粧をされている顧客よりも、周りで見ている顧客がその商品を購入していく、という光景を目のあたりにしました。

スタッフのほうも化粧をしているお客様本人だけでなく、周りで見ている人にも語りかけるように接客しています。

売場スペースは決して広くありませんから、どこに観衆である顧客が立つのかまで、販売員の方はわかっており、まさに必勝パターンのような接客でした。

▼▽▼成功事例を繰り返せば、必勝パターンになる

この化粧品販売のことが頭から離れずにいると、自店の売場でも似たような現象があることに気づきました。

例えば、新入部員である中学1年生は、どの競技にしてもまず道具を揃えなければならないので、同じ商品を買いに来ます。そんなとき、同じ境遇の新入部員が接客されているところを熱心に見ています。

また、修理や加工を申込みに来るお客様から、同じような質問を受けることが多々あります。その場合もやはり、自分の前に同じように修理を依頼しているお客様の接客の様子を見ています。

このことに気づいてから、当店では野球のグラブやスパイクの加工場所、テニスのガット張りのスペース、新入部員へのお勧め商品コーナーを売場の目立つ場所に設置しています。

接客はドラマです。そして、売場で繰り返されるドラマとして、観衆である潜在的な顧客にも自店のメッセージは確実に届いています。

もともと目的や興味があって入った店ですので、自分に関係のあるドラマは見てみたいのです。

スタッフも「観衆」を意識した接客を繰り返すことで、力がついてきます。

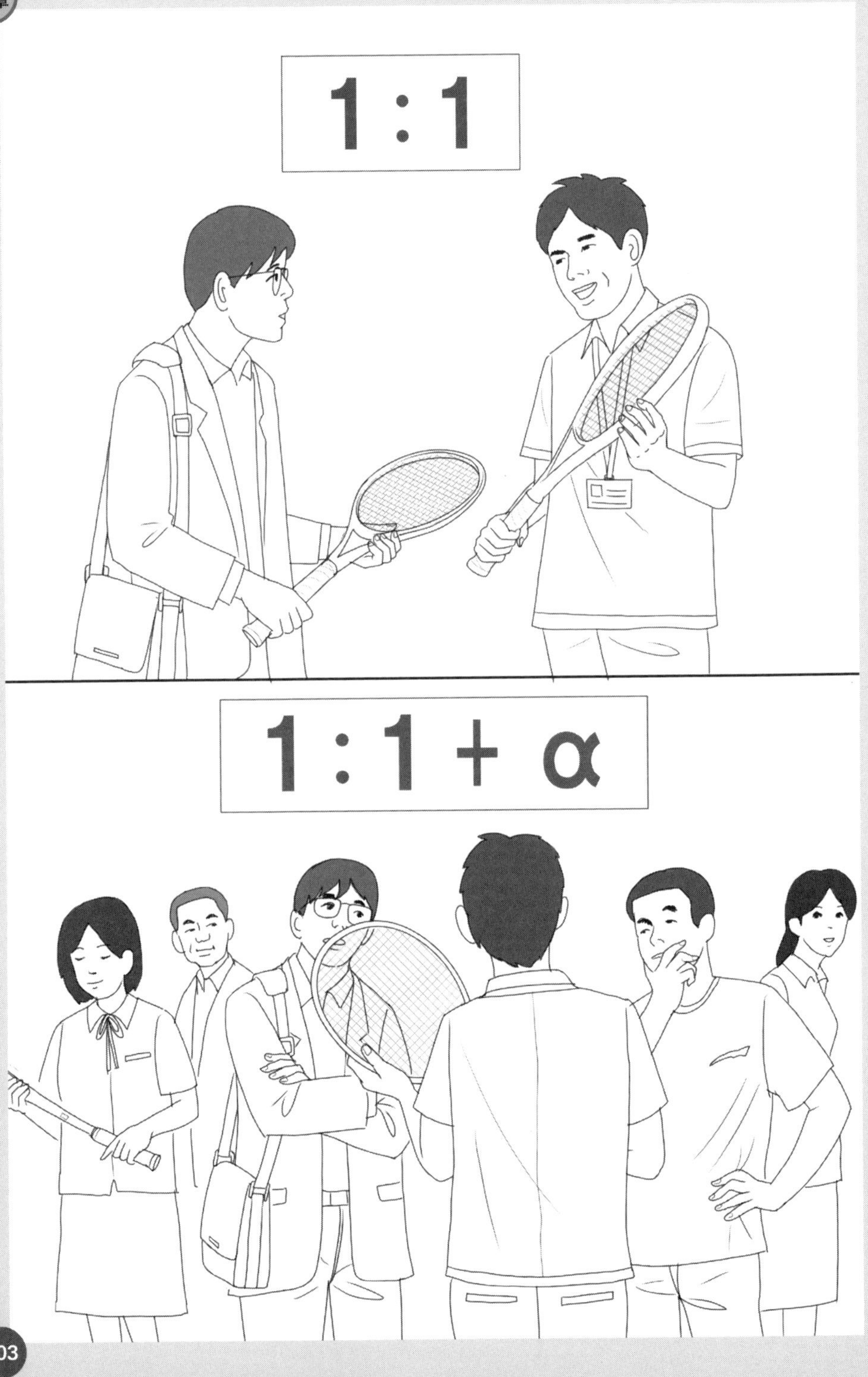
1:1
1:1 + α

3 スタッフの退職による悪循環からの脱却

▼▽▼「スタッフが辞めると顧客が離れる」のは店側の責任

中小の小売店の大きな悩みとして、「キーマンとなるスタッフの退職」という問題があります。

彼らは顧客からの信頼も厚いため、一時的あるいは半永久的に特定の顧客がそのスタッフがいなくなった店から離れてしまいます。

スタッフからも「オレの店、私たちの店」と強く思ってもらい、仕事に誇りと愛着を持ってもらうことはもちろん大切です。

しかし、それらを持っていてもさまざまな事情で退職という決断をせざるを得ない場面もあります。

スタッフの退職と顧客の離反の対応は分けて考えなければなりません。顧客にはスタッフとの信頼関係を築くことと同様に、店への信頼も築いてもらいましょう。

顧客の離反が止まらなければ、それは店にではなくスタッフに顧客がついており、「オレの店、私たちの店」と思ってもらえていなかったと考えるべきです。

俳優（スタッフ）が愛されるのは当然ですが、舞台（お店）にも愛着を持ってもらうことを意識しましょう。

▼▽▼楽しみながら演じることがポイント！

私は、接客はランニングのようだと思うことがあります。日々の接客を練習として捉え、自分のタイム、売上を伸ばしていくことに喜びや楽しみを感じるからです。

インターネットやSNSの普及で、ひと昔前に比べて情報量は圧倒的に多くなり、価格も品揃えも他と比較されやすくなりました。

接客による顧客の評価もまた、どう自己ベストを伸ばしていくか、を考える必要があるのです。

当店では毎月の社長賞や、年に一度MVPを表彰する取組みをしています。4章で「褒め称えあう文化をつくる」ことを推奨しました。競争意識を煽るのではなく、自己ベストの更新を褒め称えあえる演出を心掛けています。

この取組みによって、休憩室でも受賞したスタッフが何をして自己ベストを更新したのか？　という会話が増え、スタッフ同士のコミュニケーションが盛んになりました。

このスタッフ間の雰囲気は、必ず売場にも出ますから、お客様に「舞台＝売場」を信頼してもらうきっかけになる、と信じています。

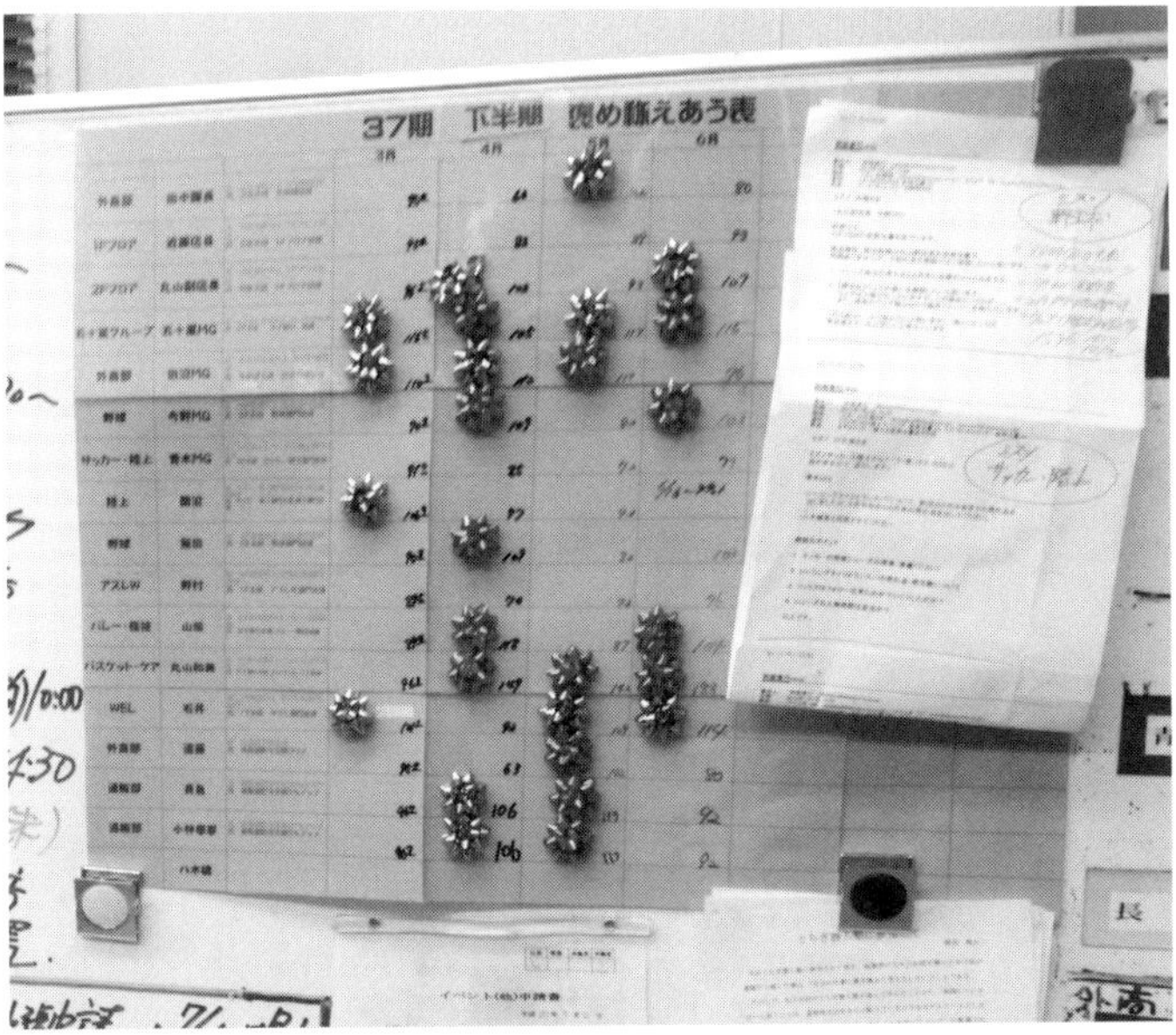

各スタッフがその月の売上など、目標を達成したらリボンを貼っていく表を作成。当店はスポーツ経験者が多いので、「目標達成＝ベストの更新」にこだわるスタッフが多く、成果を目に見えるようにすることがモチベーションアップにつながった

4 スタッフが持つのは白紙のノートとスケール

▼▽▼サイズを出してくるのは接客ではない

数年前に知人から「子どものサッカースパイクが欲しいんだけど、アベスポーツで選ぶとサイズを奥から持ってきてくれるから、何足も試しづらいんだよね」と言われたことがありました。当時は見本だけ、売場の壁面に陳列して、在庫はバックストックに置いていたのです。

大型チェーン店は、すべてのシューズを売場に出しているから気兼ねなく何足も試せる店が多く、選びやすいということでした。

確かに言われたサイズを出すだけなら、近い将来ロボットでもできるようになるでしょう。そこで「ただ言われたサイズを出して、フィッティングをすることは接客ではない」と決め、すべてのシューズを山積みにして売場に出すことにしました。

そのうえで自分たちが行なう「うちの店ならでは」の接客をつくり上げようと考えたのです。

▼▽▼足型測定がもたらす効果

山積み方式が顧客にも浸透してきた頃、本当に自分に合ったシューズで、ベストタイムを更新したり、ケガのリスクを減らしてほしい、という思いから、足型測定のサービスをはじめました。専門メーカーのスペシャリストに数カ月の指導を受け、社員だけでなくアルバイトスタッフにも、足型測定の機材を1人1個持たせました。

最初は「売らなくていいから、顧客のサイズを測る」ことを徹底しました。左右のサイズが違う、幅広だと思っていたが実は足幅が狭かったなど、顧客と共に発見をしていき、各自がノートに書きとめていきます。

これにより一番多かった発見は、ご自身が思っていた以上に実寸のサイズが小さかったことです。そして、正しく測定すること以上に大事なことに気づきました。「測定した足型に最も合うシューズを提案する」ことです。

今まで価格帯、機能などの区分けで仕入れていた商品の選別に、足型による区分けを加えました。

接客を売場の最終ステップと考えて、ベストな買い物をしてほしい、という思いからの行動です。

前出の化粧品屋さんならば、顧客に合ったメーク術を提案し、キレイになっていただくという責任をはたすのと同じことです。

足型測定をして本当に自分の足に合ったサイズの靴を履くと、伸び悩んでいたタイムがアップしたり、ケガが減ったりする。実際にそのようなメリットを感じてくれたことが、顧客からの信頼につながった

5 絶妙な距離感は「ながら接客」が最適!

▼▽▼自然に挨拶を交わすような接客の導入

私は、都会のアパレルショップで買い物をすると、店員さんの声掛けと視線に緊張してしまいます。

そんな私でも声をかけやすい店員さん、それはウェアを畳んでいる人です。

私はこのような接客を「ながら接客」と呼んでいます。これは、アパレルに限ったことではないと思います。

「作業をしながら」の人には、声をかけやすいのです。

子どもたちだけでなく親御さんも、修理や加工をしているスタッフにわざわざ声をかけてくれることが多いです。お隣さんが庭に水をまいているときに、挨拶を交わすような自然な感じです。

私なりの解釈ですが、「自分との距離を一気に縮められない」という安心感があるのではないかと思います。

▼▽▼スタッフが才能を発揮できる舞台を整える

当店では極力売場の最も目立つ場所で加工を行なっています。これは先ほど述べた、観衆に向けての接客をするためでもあり、「ながら接客」をしやすくするためでもあります。

はじめて来店されるお客様は、その工房のような雰囲気に驚く方もおられるようですが、何度も来店していただき、新入生が上級生になる頃には、ご父兄も目と耳が肥えてきます。

目の前で行なわれる子どものグラブの型をつけている過程が、チェーン店で購入したそれとは違うことや、有名アスリートや大会で好成績を残す選手がここでラケットのガットを張っていくことも、売場の表現で知っていくのです。

そこで知り得た情報は、口コミとなることが非常に多いです。

地域の顧客に必要とされる技術を持つ人材を育てること

とも、地域密着店の条件です。

そういったプロがいる、ということは気づいてもらうまで待つのではなく、売場から発信してください。

接客は売場で買い物をするときの最終ステップです。俳優個人の資質や技術に頼っていたら、いいドラマを提供し続けることはできません。俳優が才能を発揮できる舞台(売場)を整えていくことが、重要なのです。

ラケットのガットを張るスペース。この機械を挟んで顧客との会話が行なわれる。店員に声をかけられるのが苦手なお客様も、このくらいの距離感なら抵抗なく話をしてくれる

6 よりよい接客のために舞台を変え続ける

▼▽▼最初は高級に見せたいと思うさもしい心から

先ほど、うちの店が靴の在庫を山積みにして販売しはじめた経緯を書かせていただきましたが、もうひとつ、在庫がたくさんあるということを顧客に知らせたいという思いもありました。

実際に売場を変えた当初は、お客様から「商品増えたね」という声を多くいただき、満足していました。

しかし、スタッフからは問題点の指摘もありました。お客様に「高級なスパイクでも、山積みの箱の上に乗っていると、半額に見えるね」と言われたそうです。

確かに、半額の商品も最新の高額品も、すべて同じように箱ごと山のように積んでいたので、「なるほど!」と思いました。

そこで、高額な商品のみトレイのようなものに乗せようと思いましたが、散々探しても希望する大きさのトレイはありません。結局、ダンボール業者さんに頼んで専用のトレイをつくりました。

▼▽▼改善のきっかけは、いつも顧客の声

見やすくて好評だったのですが、今度はこのトレイに乗った商品を欲しがるお子さんが急増する、という課題が出てきました。高級でいい商品だと感じたのでしょう。

トレイに乗せているかどうかは価格の問題だけですし、高額な商品が顧客にとって必ずしもベストな商品であるとは限りません。

最終的に、全商品をトレイに乗せることにしました。また、トレイが安定せずに接客の際に山が崩れたり、下のほうの商品は取り出すのが困難でしたので、専用の什器もつくりました。

現在もどのように並べたらわかりやすいか、試行錯誤を繰り返していますが、基本的には売場の改善のきっかけはお客様の声です。

それを、スタッフは常に持ち歩いているノートに書きとめ、店全体で改善策を考えます。

ですから、スタッフは誰でも「なぜこのように陳列をしているのか」という理由を答えることができます。

接客を独立した業務ではなく、売場づくりの一部と考えるのは、**「接客で得た顧客の声を次の売場づくりに活かす」ことが重要だから**です。

商品の豊富さは表現できていたが、高額商品もセール品に見えてしまう、下の商品が取りにくい、などの問題があった箱積み販売

すべての商品をトレイに乗せ、それに合わせた什器も用意することで見やすさ・取り出しやすさと商品の豊富感を両立できた

7 「この店にはプロがいる」とひと目でわかる接客

▼▽▼職人の工房と売場が融合した人形店

以前、息子の初節句のときに、地元で有名な人形店に兜を買いに行きました。人形店に入るのも、ましてや購入するのもはじめての経験です。

店内には私と同じような方やお孫さんに買われると思われる年配の方がいます。

レジの横には作業スペースがあり、ご主人が屛風に筆を走らせていました。お話を伺ったところ、この人形店のご主人は、人形店の店主という顔と全国の人形店に屛風を卸す職人という顔がありました。

ですので、いい商品と粗悪品の違いや、完成までに多くの職人の手が入る、人形や兜の作成工程を教えてもらう、非常にいい経験ができました。

現在は職人としての仕事が多く、売場に出られることは少なくなったそうですが、「プロから商品やその背景を聞きたい」「プロの話を聞けてよかった」という一消費者としての実感を持ちました。

▼▽▼いいと思ったものは積極的に取り入れよう

当店でも野球売場をリニューアルする際に、この経験を活かしてみました。本章の5でもお話ししましたが、野球の修理工房を売場のど真ん中に置いてみたのです。この売場リニューアルを終え、顧客の反応を見て感じたことが2つあります。

目の前に工房があるからこそ、出てくる質問があるということです。野球担当者がグラブ修理をしているときに、「雨の練習の後は、どういう手入れをしたらいいですか？」と質問されたことがありました。

これは、たまたま修理していた誰かのグラブがカサカサだったのを見て、「そう言えば」と思って聞いたのだと思います。日頃から問題意識はあるのでしょうが、目の前で見ることで思い出すのです。

もうひとつは、泥だらけのスパイクを修理に差し出す子どもたちが減った、ということです。目の前で修理をしてくれる人に対して、キレイにしてから渡そうと感じてくれたようです。

ひと目見て「この店にはプロがいる」と感じてもらうことが、「オレの店、私たちの店」につながるのだと思います。

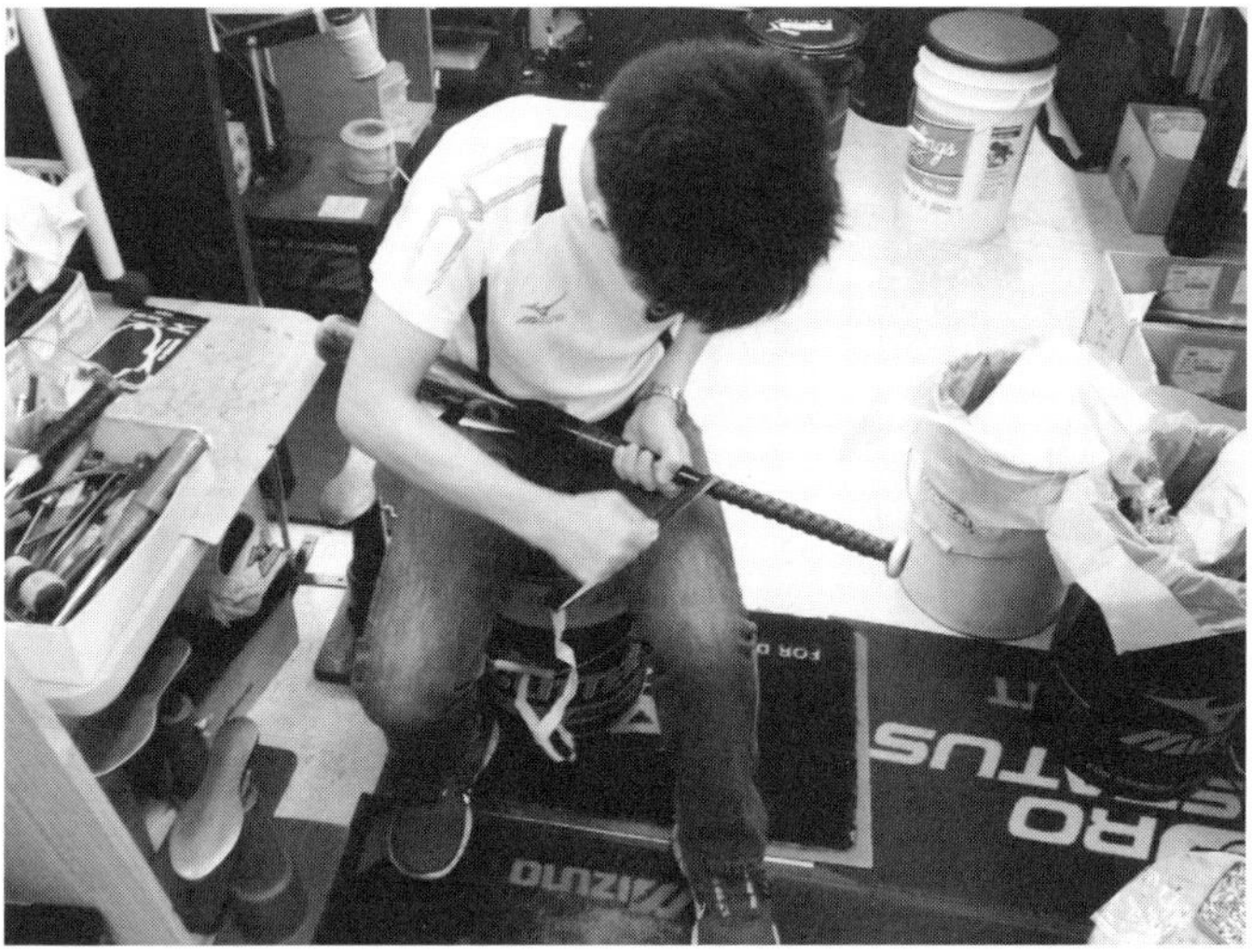

野球売場中央に設けた修理・加工の工房。これらの工程を目の前で見られることは珍しいため、興味深く観察するお客様は予想以上に多い

8 俳優兼大道具係として楽しみながら売場を変える

▼▽▼来店するたびに舞台が変化するカメラ屋さん

2章でも紹介した「サトーカメラ」は、売場を最大限活用し、日々売場を変えていく工夫をしています。

このお店は、セルフプリントのサービスも行なっているのですが、写真を選ぶパソコンの前に顧客とスタッフが一緒に座って、笑いあいながら写真を選んでいる光景をはじめて見たときは、驚きました。

「この写真いいですね！」「これは何のレンズを使って撮ったんですか？」と若いスタッフの方が、舞台のセットとして用意されたソファに座り、まるで友だちのように接客をしています。

また、売場の真ん中に左ページの写真のように、机と椅子が並んでいます。時期によって使い方は変わりますが、私がはじめて見た年末には、年賀状プリントの相談所のように使っていました。

1カ月後に再び訪問したときは、女子高生が卒業生する先輩への卒業記念品をつくっていました。

机の上に置いてある小道具も、年賀状の価格表や過去の作品集から、自由に使えるマスキングテープやペンに変わっています。

スタッフが接客をしやすいように、いかに舞台を変化させるかということが重要なのです。

もうひとつ、サトーカメラが接客において他の小売店と違うところは、実演販売が日常的に行なわれている点です。広角レンズや魚眼レンズをカメラに取りつけ、顧客とスタッフが一緒に駐車場で撮影している風景は何度となく目撃しました。

サトーカメラのスタッフにとっては、駐車場も自分たちの舞台であるという認識なのです。

▼▽▼スタッフは俳優も大道具係も兼ねて、ドラマをつくる

このお店では、俳優であるスタッフが大道具の担当者のように、売場を変えていくことを楽しんでいます。

どうしたら自分たちが演じやすいか、接客しやすいかという問いを自問自答しているからこそ、あのような頻度で売場が変わっていくのだと思います。

個人商店、中小店だからこそ許される、舞台装置の修正を楽しみながら行なえば、決して他の店には出せない世界観がつくられていきます。

カメラ店とは思えない雰囲気。この交流スペースが売場の真ん中にある。ここを通ることで、年賀状や卒業祝いなど自身のニーズに気づくきっかけにもなる

9 5章のまとめとポイント

この章では地域密着店ならではの「接客」についてお話ししましたが、実は私自身、自店の接客レベルが特に高いとは思っていません。

しかし、大型チェーン店に比べて特徴がある、と顧客に思っていただいていることも事実です。

何が違うのか、と突き詰めて考えたところ、**「売場は舞台、スタッフは俳優、接客はドラマ」**として、日々の販売活動を行なっているところが違うのだろう、ということに気づきました。

いいドラマを演じるには、舞台を自分たちで修正し、観衆を意識して、舞台を使い倒すことです。

毎日最高の接客をスタッフに求めることは、私にはできません。でも、一定レベルのドラマを提供し続けてほしい、という気持ちはあります。

そのためにも、与えられたスペースの中でただ接客をするのではなく、自分たちで舞台を日々改善していく、スタッフが「自分事」として感じられる、売場づくりが重要なのだと思います。

スタッフが自分たちで売場＝舞台を日々改善していく、と言ったとき、改善するべきなのは商品の並べ方や店内の装飾というハード面だけではありません。

店内の空気感、雰囲気、もっと言えばそこで働く人のキャラクターも舞台の一部だと考えていきましょう。

私がよくお邪魔する、ご夫婦で営む小さなイタリア料理店があります。

旦那さんは厨房でピザを焼き、パスタをつくります。「いらっしゃいませ」の挨拶も、調理をしながらの「ながら接客」です。奥さんはいつも笑顔で、フロアを忙しく動き回っています。

もしもこのお店が、いつ行っても暇そうで、食事中も旦那さんにべったりおしゃべりをされたりしたら、足が遠のきそうな気がします。

この旦那さんはトレードマークにハンチングをかぶって、地元では「あのお店のマスターね」と認識されています。そういった、いわゆる「キャラづけ」も大事な舞台セットです。

そのような目線で、あなたも自身の周りにある、接客における地域密着店を観察してみましょう。

ON STAGE!

COLUMN 常連さんが連れてきた市民ランナーの星

2012年10月末、市民ランナーの星、川内優輝選手が来店してくれました。

ここまでエピソードに登場したアスリートたちと違い、子どもの頃からご来店いただいていたわけではないので、このときはさすがに驚きました。隣町で市民マラソン大会があり、その後に寄ってくれたとのことでした。

川内選手は、なにもアベスポーツの評判を聞きつけて寄ってくれたわけではありません。ある埼玉県の県立高校の先生が当店の顧客で、その先生が一緒に連れてきてくれたのです。先生は高校時代から川内選手の指導をされていたそうです。

その際の先生の「アベスポーツさんにはいつもお世話になっています。最近彼も有名になったので、お礼も兼ねて一緒に来ました」という言葉が忘れられません。

学校の先生だからといって、先生を特別に扱ってきたわけでもありません。それでも、「お世話になっています」と感じてくださっていたこと、それを行動に表わしていただいたことがうれしくてなりません。

6
章

ストーリー③　再来店・来店促進

顧客から顧客へ
伝播してもらう、
新規客の来店促進

1 顧客から新規客へと広げてもらう

▼▽▼新規客の来店を促す前に

私たちのような郊外型の中小店は、人口的にも商圏的にも限られた中で商売をしなければなりませんし、地域に根づき、営業し続けていくことは、気の遠くなるほどの長期戦です。

私はかつて、集客に関する本を読み漁ったことがありました。でも、自分で試しては結果が出ずにさらに新しい方法を試す、という繰り返しでした。

自分なりにうまくいかない理由を考えると、新規客から見れば、「ゴルフ用品がない」「普段着られるウェアが少ない」など、来店前のお客様のイメージと違っていたのだと思います。顧客を集める手法にばかり目がいき、「うちはこういう店です」という発信が足りなかったのです。

自店の目指す売場や品揃え、接客とのミスマッチが起きているわけですから、そのギャップは埋められません。

▼▽▼自店のメッセージを伝播していただく

一方で来店前のイメージを上回り、その後も顧客（リピート客）になってくれる方もいます。

その顧客の特徴は、自店の顧客と同じコミュニティに所属していたり、顧客からいい評価を聞いて来店していただいた方々でした。

つまり紹介や宣伝、勧誘を店側の発信ではなく、すでに友人知人からしていただいていたのです。

多くの顧客に来店いただいてこそ、再来店していただく機会が増えます。

不完全な状態の店にわざわざ足を運んでもらうのですから、こうした顧客からの口コミとあわせて、「次回来店するまでにもっとあなたの理想の店に近づきます！」というメッセージも、店から発信する必要があります。

そこで効果的なのが**象徴的な販促品に乗せて、顧客から新規客へ伝えてもらうことです。**この章では、自店のお客様からまだ来店したことのない方に店のメッセージを伝播してもらう、3つのポイントをご説明します。

①　顧客へのメッセージでは、自店が何をもってその人の役に立つのかを宣言する
②　表現は変わるが、メッセージの軸は変えない
③　発信を店の都合でやめない

地域密着店のメッセージ発信

地域に必要とされる店でありたい！
オレの店、私たちの店と思ってもらいたい！

それをお客様に伝えるための表現は、
時代や状況に合わせて変化させる必要がある

何をもって、どうやってお客様に必要とされ、
役に立つのか、というメッセージの発信

例：アベスポーツでは、「顧客のスポーツライフスタイルを強く楽しくカッコよくする」というメッセージで、「オレの店、私たちの店」と感じてもらおうとしている、ということをあの手この手で発信している

2 コストをかけるよりもメッセージに一貫性を

▼▽▼上辺だけを学んでも結局は身にならない

いきなりですが、以前の私の失敗談を披露します。私はずっと「カッコいい買い物袋や販促品をつくりたい」と考えていました。

今考えると、その「カッコよさ」の定義も曖昧で、都会の繁盛店のモノマネをしたかっただけですが、当時はそのようなものを持つことが、理想の店への近道だと本気で信じていました。

販促品をリニューアルするチャンスが来ると、すかさず実行しましたが、どれも長続きしません。

そのときはカッコいいと思っても、流行に乗ったデザインは飽きてしまうことと、カッコいい販促品は往々にしてコストがかかることが原因です。

製作費が高いだけならまだしも、継続して使用する物だと、ランニングコストとしてものしかかります。

▼▽▼顧客へのメッセージは何をもって役に立つか、の宣言

このような罠に陥らないための注意点が、前項で挙げたポイントのひとつ目「顧客へのメッセージは、何をもって役に立つかを宣言する」です。この教訓は今も強く意識しています。

次々と販促品をつくっては失敗する中で、伝えたいメッセージが一貫していないからうまくいかないのだと気づきました。

私の店の伝えたいメッセージ、つまりモットーは「顧客のスポーツライフスタイルを強く楽しくカッコよくする」です。

このメッセージを一貫させることによって、応援してくれる顧客が出てくる、と実感しています。

伝える内容がぶれないことによって、顧客の印象に強く残り、各自のコミュニティ内で自店のことを広めてくれる機会も増える、と信じています。

このメッセージをつくる際に注意したことは**「地域や顧客にとって、当店がどのように役に立つか」**の宣言にすることです。

何度も書きますが、地域密着店の定義は顧客に「オレの店、私たちの店」と思ってもらうことです。そのためには、自店はどのようにあなたの役に立つか、を表わすことが重要だと思います。

「私たちはスポーツライフスタイルを支えるために、明日もここにいます！」という思いを込めてスタッフの顔をプリントした釣り銭トレイ。会話のきっかけにもなる

シーズンのお勧め商品をユニフォームにし、スタッフが身をもって「この商品であなたのスポーツライフスタイルが快適になりますよ」と発信している。また、その理由をPOPに明示することでその商品への信頼感が増す

3 自店の宣伝マンになる販促ツール

▼▽▼外部に発信することが内部への浸透にもつながった

私はいつか自分が経営者になったら、まったく新しい店をつくり上げたい、と考えていました。しかしいざ自分が会社を継いでみると、今までの自店の歩みや社風に誇りを持ちたいという感情が生まれました。どうせやるなら根幹の部分は変えたくない、という思いです。

そんな思いでリニューアルした販促ツールが、写真の買い物袋です。45年前から現在まで一貫してきた、地域に必要とされる店でありたい、という思いを「創業ストーリー」として前面に出したのです。

すると思いのほか、この歴史や歩みが若い方に好評なのです。「中学高校の頃アベスポーツに、通ったなぁ」と親御さんがお子さんに話すシーンも、多く目にします。

そのような光景を見て、今度は若いスタッフも、うちの店がどういう店を目指しているのか、ということに気づいてくれます。顧客という外部の方に伝え続けることが、自店のスタッフという内部にも自店の方向性を浸透させることにつながりました。

▼▽▼表現は変えても軸は変えない

今、この買い物袋をリニューアルしている最中です。もちろん、地域密着店として過去も今もこれからも大事にしているメッセージを発信することは変えません。表現の仕方を変えるのです。

今までの買い物袋は、過去から現在までの「地域のアスリートを応援してきました」という歴史です。新しい買い物袋には、「2020年までも地域のアスリートを応援し続けます。そして、東京オリンピックで活躍してもらいたい」という文言を入れます。

どちらも大切にしているのは、「地域のアスリートを応援する」というメッセージです。これはポイントの2つ目、「表現は変わるが、メッセージの軸は変えない」です。

買い物袋で言えば、版を変える費用はかかりますが、同じ素材ならばランニングコストは変わりません。

顧客がこの買い物袋から、新品を取り出す場面を思い浮かべてみましょう。この、自店のメッセージをチームメイトやクラスメイトなどに宣伝してもらっているのと同じことになるのです。

自店の創業からのストーリーを印刷した買い物袋とメンバーズカード。
同じものは1章で紹介した店頭のタペストリーにも書かれている

4 技術と経験を表現するラケットケース

▼▽▼きっかけは顧客の声

スポーツ用品には各競技にリーディングブランド（市場シェアNo.1のメーカー）があります。野球ならミズノ、サッカーならアディダス、陸上ならアシックス……と各競技で違います。

皆さんのお店の業種にもそれぞれ「この商品ならこのメーカー」というブランドがあると思います。

市場占有率が高い商品を持つと、例えば中学・高校の試合会場で多くの人が同じものを持っていることになります。

私の店はテニスやバドミントンのガット張り技術に自信を持っていますが、見た目では技術の差はわかりません。来店した選手のご家族から「どこで買っても一緒でしょ」と言われたこともあります。

どうしたら、うちで張ったラケットだとわかってもらえるか、を考えてはじめたのが、「一打入魂　abe sports」というラケットケースの刺しゅうです。

顧客のスポーツライフスタイルを強く、楽しく、カッコよくするために、1本1本ガットを張っているプライドをこの刺しゅうで表現してみました。

▼▽▼背筋を伸ばしてくれたのも顧客の声

結果的に認知され、他店とは違うと顧客に思ってもらうまで、2年弱かかったように思います。なぜ2年と覚えているかというと、その頃にある出来事があったからです。

当店では、ラケットと一緒に入荷したすべてのケースを刺しゅう屋さんに出しているのですが、うちのミスで刺しゅうの発注をし忘れたことがあります。

仕方なく、でも大した罪悪感もなく、刺しゅうのないケースで、購入した中学生に渡しました。その中学生は表裏を何度も見返し、そのまま受け取って帰りました。

数時間後「これじゃどこで買っても一緒じゃないですか！　息子はすごくガッカリしていました」と、お母さんから店に電話が入ったのです。後日刺しゅう入りのケースを持って、お詫びに行きました。

この経験から、はじめたことは同時に責任感を持たなければならない、と身を持って学びました。ポイントの3つ目「自店の都合でやめない」ということです。

現在もすべてのラケットケースに刺しゅうを入れている。ポケットにはガットの張り替え時期をお知らせするチラシも入れて渡す

5 新規客はどのように店を見ているのか

▼▽▼大切なのは希少性や特別感

ラケットケースの成功事例をもとに、野球のグラブ袋にもすべて「一投入魂　abe sports」と刺しゅうを入れるようにしました。

通常、テニスラケットは購入するとほぼ全商品にケースが付属するのに対して、グラブを買って袋がついているのは一部の高価な商品だけです。

当店で購入してくれたグラブは、すべて刺しゅう入りの袋に入れて渡すようにしたところ、反響は意外に早く、予想外の方からありました。少年野球チームの監督やコーチの方々です。

一般的に少年野球の指導者の多くは野球経験者です。そういった方たちにとって、グラブ袋は高校生になって硬式の高価なグラブを買ってから、というイメージがあったそうです。

あるとき、何人かの子どもがグラブ袋を持っているのを見て、どうしたのかと尋ねたら「アベスポーツでグラブを買ったらもらった」という返事でした。

周りの子たちはコンビニの袋やシューズのケースを代用しているので、話題になったということです。

これは予想以上に顧客に喜んでもらえた事例ですが、大切なのは希少性であったり、特別感だということもわかりました。

個性や独自性がうたわれる現代、顧客も他者と差別化したいのだと思います。

このキーワードはこれからの商店には大切な要素になるでしょう。

▼▽▼商品を選ぶことはないが、店を選ぶことはある

販促品だけでは自店で購入してもらう決定的な理由にはならないことも確かです。

ただ、自店の顧客の販促品を目にした、同じコミュニティ（チーム）の新規客が来店してくれる大きな動機にはなります。実際に、グラブ袋を見た対戦チームの新規客が来店してくれた事例もあります。

つまり、店を選ぶ際には販促品が役立つということなのです。

オリジナリティのある販促品は、新規客に自店を紹介してもらう際の心強いツールとなります。

まだグラブ袋を持っていない子が多い小学生の試合会場などでは、この袋がとても目立つ

6 一気に新規客を増やす商談とは？

▼▽▼ユニフォームビジネスはオール・オア・ナッシング

3章で階段に飾ってある野球のユニフォームの話をしました。野球のチームユニフォームの受注は、帽子・ユニフォーム・アンダーシャツ・ベルト・ストッキング……と、必然的に他競技よりも高額になります。

そして、「帽子とベルトは当店で、ユニフォームは他の店で」ということはあり得ません。全部受けるかゼロか、です。

そのような商談の中での必勝パターンは、通常は代表者と店で行なう商談に、できるだけ多くのチームメイトを呼ぶことです。

代表者と商談→メンバーに確認という順序だとなかなか決まりませんが、試合や練習の帰りに多くのメンバーに店に寄ってもらうと、一発で決まることが多いのです。

▼▽▼売場から階段で行なうようになった商談

そのように多くのメンバーが来店されると、みんなで座ってゆっくり話すというスペースはありません。そんなときに活躍するのが、階段のスペースです。

カタログを見ながらイメージで机の上で話しているよりも、ユニフォームの展示スペースである階段で話をすると、「縦縞はあのチームの太さで、胸のマークの字体はこのチームのように……」と一気に進みます。

また、机の上では予算の話がメインだったのに、実物を見ながらだと、どこよりもカッコいいユニフォームをつくりたくなるのも人情のようです。

このような商談の仕方は、俗にいう「大きな買い物」では日常的に行なわれています。

住宅の見学会や車の試乗会などは、家族で来てもらうためのイベントやプレゼントなどの仕掛けをしていることが多いようです。

もう1点、この商談のいいところは、代表者とともに集まったチームメイトの中には、はじめて来店される方も多いところです。商談と同時に、新規客の発掘にもつながります。

実際に体験してもらい、その場で意思決定できるように極力多くの関係者に同席してもらう。「大きな買い物」をする業種でなくとも、自店でアレンジできないか、考えてみる価値はあると思います。

机で向かい合って話すのではなく、実際に自店でつくられたユニフォームを目の前に商談する。知り合いのチームのユニフォームが見つかる場合も多く、会話のきっかけにもなり、商談も進みやすい

7 うちの名刺はトレーディングカード

▼▽▼仕入先とだけ交わしている名刺を変える

私を含め、小売店のスタッフの名刺の大半は仕入先や業者の方とばかり交わすようになってしまっていると思います。

でも、名刺は自分を、自店を売り込むために渡すのですから、本来はお客様に渡すべきです。

この本来の視点に立って、店員が顧客にお渡しして受け取ってもらえるような、そして話題になるような名刺をつくることにしました。

具体的には、「プロスポーツ選手のトレーディングカード」をイメージし、①出身地や、やっていたスポーツや好きな格言を入れる。②写真はスポーティーな私服で！③愛着のある背番号を決める、をポイントにしました。

▼▽▼お客様に「名刺ちょうだい！」と言われる喜び

この名刺の変更は、コンサルタントの方にアドバイスをいただきながら進めましたが、名刺作成に関わるスタッフだけでなく、自店のスタッフ全員が、「この名刺を使ったときの顧客の反応のイメージ」を共有できたことがよかったと思います。

「お客様と店・商品」ではなく「お客様とスタッフ」という、人間的なつながりをつくれるような名刺にすることを目指し、顧客に渡したときに「おっ！」と思ってもらうことを、全スタッフで思い描きながら、作成を進めました。

裏面に書かれたスタッフの出身地ややっていたスポーツなどの自己紹介が会話のきっかけになれば、という思いでデザインした名刺はお客様にも評判がよく、本当にプロ野球カードのように全スタッフのカードの収集に挑戦している方もいます。

私もスイミングクラブに通う年配の女性から、「社長、名刺ちょうだい！」と声をかけていただきました。「後でクラブのみんなに自慢するわよ！」と言われたときは恥ずかしかったですが、期せずしてスイミング仲間の方たちに「宣伝」してもらえることになりました。

名刺は小売店なら必ず使うものです。若干のコストはかかりましたが、どうせ必要で用意しなければならないツールなら、顧客の話題になり、顧客から新規客に伝播してもらえるものにするべきだと思います。

顧客との
会話のきっかけを
つかむためのポイント

全スタッフ、スポーツ選手のように好きな数字を背番号として入れた

やっている、やっていたスポーツの格好で写真撮影

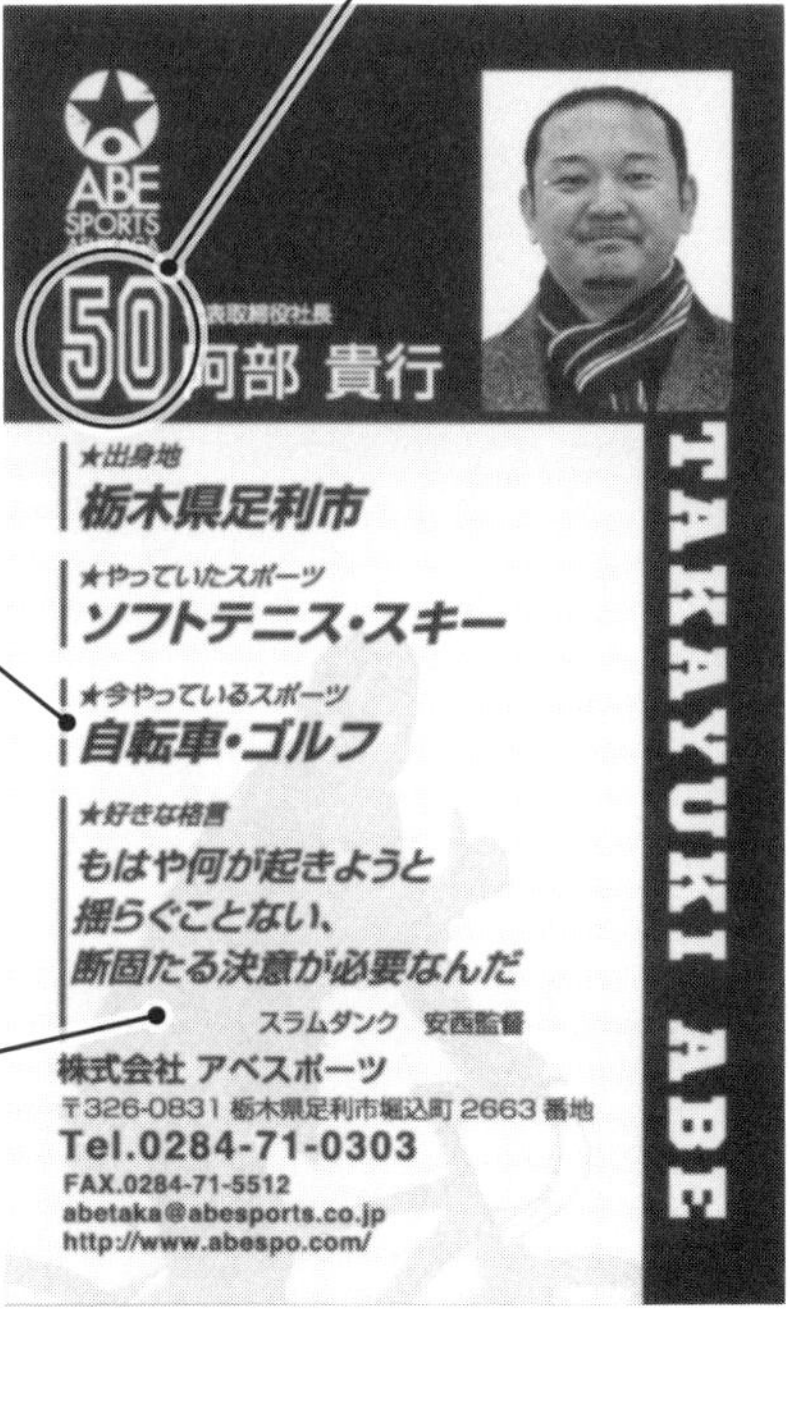

マンガや有名人の名言など、各自が自由に好きな格言を入れた

8 異業種から学ぶ、顧客から新規客へと伝播する販促品

▼▽▼商品のパッケージに「地域密着」の主張を入れる

ラケットケースに「一打入魂」の刺繍を入れ、パッと見て他店との違いがわかるようにしたことをご紹介しましたが、商品そのものが店のメッセージやストーリーを感じさせるものであることがベストです。

私が地元のお土産として、よく使わせていただくのが、和菓子屋「虎谷」のミートサブレです。実は、このお菓子は足利市出身の書家・相田みつをさんが命名していることでも有名で、「あの相田みつをさんのお菓子ね」、と地元では認知されています。

彼は今でこそ日本を代表する書家として名前が通っていますが、若いころは生計を立てるために、こういった仕事もしていたそうです。

「和菓子屋さんは自社製造の商品だから」「そんな有名人の知り合いもいないし」という声が聞こえてきそうですが、虎谷のご主人も今日を想像して相田みつをさんに命名を依頼したわけではないはずです。

地元で頑張る才能ある書家を応援したい、という気持ちが強かったのではないでしょうか。

▼▽▼販促品は自店のメッセージを伝える仕掛け

当店で扱う商品は１００％仕入商品ですが、包装までメーカーから仕入れたものではありません。

私の店では、この章で紹介した買い物袋の他に、店の40周年のときに大きめのショッピングバッグもつくりました。メッセージはやはり「地域のアスリートを応援したい」という思いです。

コートも入るようなサイズでつくったところ、お客様はサッカーボールやバレーボールを入れる、チームのボール入れとして活用してくれているようです。

今度の周年記念ではエコバッグをつくってみようと計画しています。これも日用品を買う主婦の方にとっては、もはや必需品になっているモノですから、遅ればせながら当店も取り組もうと思ってのことです。

虎谷のご主人が相田みつをさんを応援したように、地域の店が、できる範囲で解決していける問題を見つけ、販促品を使ってその解決を手助けすることも、顧客から新規客へ、自店のメッセージを伝播してもらえる仕掛けになるはずです。

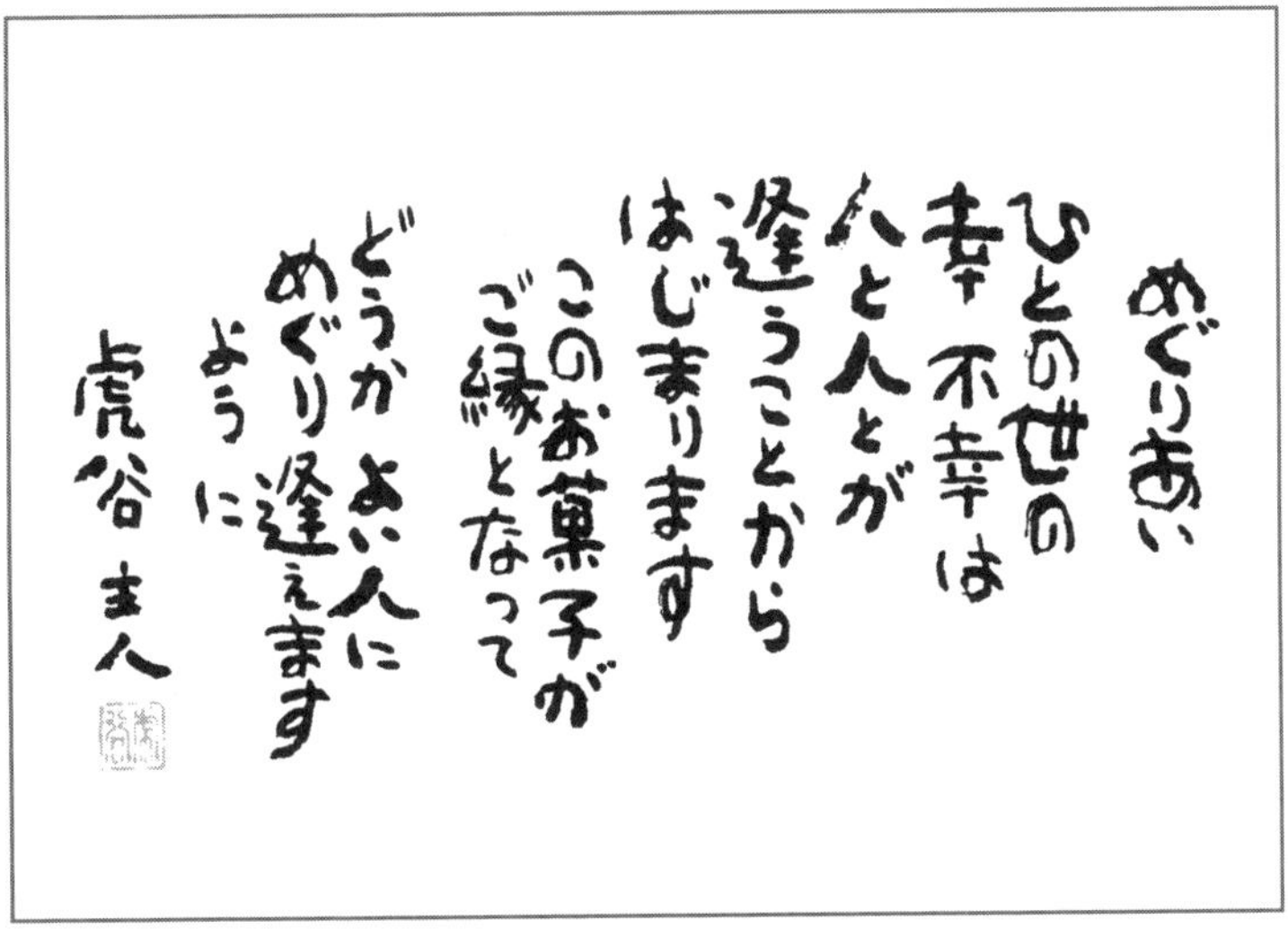

サブレの箱に入っている「主人の言葉」も相田みつをさんの手によるもの。手土産にした際に無名時代の相田さんのエピソードなどが会話のきっかけとなる

書家として有名になる前の相田みつをさんは、パッケージデザインやコピーライターのような仕事もしていた。このサブレは相田さんが「人とのめぐり逢い……MEET」という意味を込めて名づけた

9 看板を使って新規客に認知される事例

▼▽▼業績を拡大させ続ける脱サラSE

当店のパソコンやネットワーク環境を整備してもらっている業者の方に「パソコン太郎」という人がいます。名前は風変りですが、仕事はしっかりやってくれます。

彼の事業はひと言で言うと「パソコンを使って、顧客の困りごとを解決する」というものです。世間にはホームページの作成業者やインターネットの接続サービスなど、似たような事業内容の会社が数多くあります。

その中で彼は、自社の「便利屋さんのように広範囲なサービス」を潜在的な顧客に知らせることが急務でした。

そこで左ページのような看板をつくり、目にする人の興味を引き、「なんだろう?」と思わせることにしました。

この看板を出してすぐに仕事の依頼が増えることはありませんが、商談の際には「知ってる!」と言われることが増え、順調に業績を伸ばし続けています。今では事務員の方も雇い、その名刺には、「パソコン事務子」とあります。

勝因は、看板にすべての情報を載せるのではなく、インパクトのあるフレーズで、地域の人々に認知され、見た人が誰かに話したくなるのを、目指したことにあると思います。

▼▽▼パソコン太郎から学ぶこと

この看板は彼自身が創業間もないときに、1軒でも多くの契約が欲しくてはじめたことです。そこに照れや恥ずかしさはなく、顧客や地域の方から反応があれば、単純にうれしいだけだったそうです。

大企業ならば広報を扱う部署がありますが、街の中小小売店は経営者や店長、スタッフ一人ひとりが広報担当になるべきです。その際には、スタッフの名前を「パソコン事務子」とするように、自社の世界観を統一することが、とても重要です。

当店のようにターゲットを中高生アスリートに絞ると、場合によっては高齢の方には、欲しい商品・サービスがない、と感じられることもあると思います。

「パソコン太郎」の場合も、人によって「ふざけている」と感じる人もいることでしょう。

それでも「ぶれない世界観を発信する」という強い意志が、ターゲットの心にはより刺さるのだと思います。

思わず「何だろう？」と気になるこの看板は、テレビの取材を受けたことも

会社入口の看板も名刺同様、ぶれない世界観で統一

10 6章のまとめとポイント

お客様の買い物が1回きりだったとしたら、小売店の経営は成り立ちません。いかに長くお付き合いができるかがカギです。

そのためには、お客様の購買頻度や購買金額を分析して、サービスの質を変える努力をするよりも、「自店が理想の店へ向かうプロセスを知ってもらい、客から客へと伝えてもらおう」というのが、この章の内容です。

口コミとは、顧客から顧客へ、自店のよい噂や評価が伝わっていくこと、と考えるならば**店側は販促品に自店のメッセージを乗せて、効果的に活用するべき**です。

SNSやブログが急速に浸透し、ネットを通して誰もが情報発信する機会を得たことによって、顧客の共感を呼ぶメッセージ・エピソードは、伝播するスピードがひと昔前に比べて格段に速くなりました。

以前なら、飲食店内で写真を撮ろうものなら、白い目で見られましたが、今は評判のレストランに行けばあちこちで写真を撮る姿を見かけます。

店側のこだわりやポリシーが、共感を呼びやすい時代になったと思います。

だからこそ、本章の冒頭で述べた3つのポイントには、より注意を払う必要があると思います。

伝え聞いたメッセージに共感したお客様が、せっかく初来店してくれたとしても、「行ってみたら発信している主張と違っていた」とガッカリさせてしまうからです。

一度ガッカリしたお客様が、再度来店してくれる可能性は限りなく低いうえ、「思っていた店と違った」というマイナスのメッセージもまた、かつてないスピードで広がっていく時代だ、ということを肝に銘じましょう。

和菓子屋「虎谷」さん、「パソコン太郎」さんの事例を書かせていただきましたが、あなたの街の気になる店の販促品や気になる看板についても調べてみると、意外な物語が隠されているかもしれません。

それを見つけたときの驚きや喜びを感じてほしいのです。きっと誰かに伝えたくなると思います。

実際、私も虎谷さんのミートサブレを渡すときに、相田みつをさんのエピソードを語ります。口コミは販促品によって、より浸透するのだ、ということを実感してください。

ストーリー
ストーリー
ストーリー
ストーリー
ストーリー
ストーリー
まあステキ
このお菓子には
実はこんな
ストーリーが・・・

COLUMN 職場体験で未来の仲間を育てる

中学生・高校生が行なう「職場体験」というシステムがあります。呼び方や形は異なるかもしれませんが、多くの地域で、似たような制度があると思います。

アベスポーツでも毎年、中学校12〜15校、高校2校の受け入れを行なっています。

学校側の目的は、実際に職場で働くことを通して「社会で働く」ということを意識させ、何のために勉強するのかを自覚させる、ということです。

受け入れる側の当店としては、働く経験を通して、自分の責任をはたすこと、チームで協力することを学んでほしいと思い、指導しています。

いつかこの職場体験をした生徒さんが当社に入社するのが夢でしたが、ついに来年叶いそうです。

高校生のときに職場体験に来た彼は、就職活動の際にうちのことを思い出し、門を叩いてくれました。

ここ10年で、延べ400人の生徒さんをお預かりしたわけですが、長いスパンで考えれば、職場体験も立派な顧客から顧客への伝播なのだと感じています。

7章

ストーリー③ 再来店・来店促進

「地域限定CM」で休眠客に自店を思い出してもらう

1 新規客の初来店と休眠客の再来店は同じではない

▼▽▼懐かしの味と新たな発見

同級生と昔話をしているときや、車でたまたまその店の前を通ったときなど、ふと学生の頃に食べていた懐かしの味が食べたくなることがあります。

そして、再び通いはじめることもあります。その店で新たな発見を得られるからです。

お金のない学生時代には食べられなかったメニューに挑戦したり、当時は「大人の味」だと思っていたメニューのおいしさに感動することもあります。

これは飲食店に限った話ではありません。小売店も同じように、休眠客を取り込むことを真剣に考える必要があります。

6章の最初に述べた通り、地域で商売をする我われのマーケットは人口的にも限られており、気が遠くなるほどの長期戦だからです。

大都会ならいざ知らず、新規客を獲得し続け、同時に流出してしまうだけの戦略では限界があるのです。

▼▽▼新規客と休眠客の再来店の違い

懐かしの味を久しぶりに食べられた、という満足感だけだと、次の再来店までもまた長い期間が必要になることが多くなります。顧客のノスタルジーに訴えるだけでなく、新しい発見もしてもらいましょう。

この章では、懐かしの味を思い出してもらうだけでなく、新たな魅力を感じていただけるきっかけづくりを中心に説明します。

休眠客の多くは、その店が嫌になったというよりも店に行く必要性が減少したり、なくなったから、足が遠のいていることのほうが多いのです。

しかし、時間の経過と立場の変化でまた、その必要性は増すこともあります。

例えば、部活の引退と共に来店しなくなった女子高生がいたとします。彼女は数年後、ダイエットや健康のためにスポーツクラブに通い出すかもしれませんし、結婚をして子どもが生まれれば、母として子どものスポーツ用品を購入する必要性が増します。

同じ「来店促進」でも、**新規客には自店のメッセージに共感し、興味を持ってもらうことが重要**ですが、**休眠客には自店を思い出してもらうことが必要**なのです。

新規客の初来店

まずは自店の存在を知ってもらい、興味を持ってもらう

- チラシやCMなど、コストをかけて不特定多数に発信する
- 販促物や口コミを通して自店の顧客から知り合いへと広める

休眠客の再来店

何らかの理由で自店から足が遠のいていた顧客に、思い出してもらう。

- 看板、販促品などで発信し、思い出させる
- 思い出し、懐かしんでもらったら、新しい魅力を伝えて再度通ってもらう

2 顧客のなりたいことや必要なことを一番満たす店になる

▼▽▼CM&チラシは網漁、地域密着店は餌釣り

大手チェーン店は、「安さ、量、期間限定」というキーワードで、CMやチラシを出します。魚の多い時期と多い場所を選んで行なう網漁のようだといつも思います。

私もスポーツ用品以外は一消費者ですので、興味のあるCMやチラシが来店動機になり得ます。

では、販売量も集客にかけられる費用も遠く及ばない一小売店が、顧客の来店動機を高めるために行なう手法はどうあるべきなのでしょうか。

そこで、広告宣伝費を極力なくし、今自店でできることを積極的に広報する、というスタンスで行なうのが餌釣り方法です。

つまり、顧客の「こうなりたい」「これが必要」に対して餌をピンポイントで垂らすのです。

▼▽▼限られた範囲の優先順位のトップになる

自店の注力商品や、大手チェーン店に負けない質の高いサービスが「今自店でできること」です。

それはここまで説明してきた、自店のメッセージを地域の方々に知っていただくことに他なりません。

その自店の武器、強みを「極力お金をかけず、なるべく多くの対象顧客の目に触れる」ように発信する方法を考えてみましょう。

① 対象顧客の多く集まる場所に出向き、広報する
② 新聞や地方紙のようなメディアに取り上げてもらう
③ 営業車を活用して、インパクトやメッセージ性の高い広報を行なう
④ 地元の小売店と連携し、自店の顧客以外の方に知ってもらう
⑤ 費用に見合う特徴のある看板で目を引く

パッと考えただけでも、いくつか思い浮かびます。

ポイントは、**「顧客のトップに立つこと**だと考えています。

満たす店のトップに立つことだと考えています。

商品量や低価格のトップに立つことは厳しいですが、「自己ベストを更新するマラソンシューズを選ぶ」「子どもの試合の観戦時に暖かいコートを選ぶ」という顧客の目的や、「はじめてサッカーシューズを買う」「運動部に入部したので道具を揃える」という、顧客の環境や状況に応じた優先順位でならトップに立てるのです。

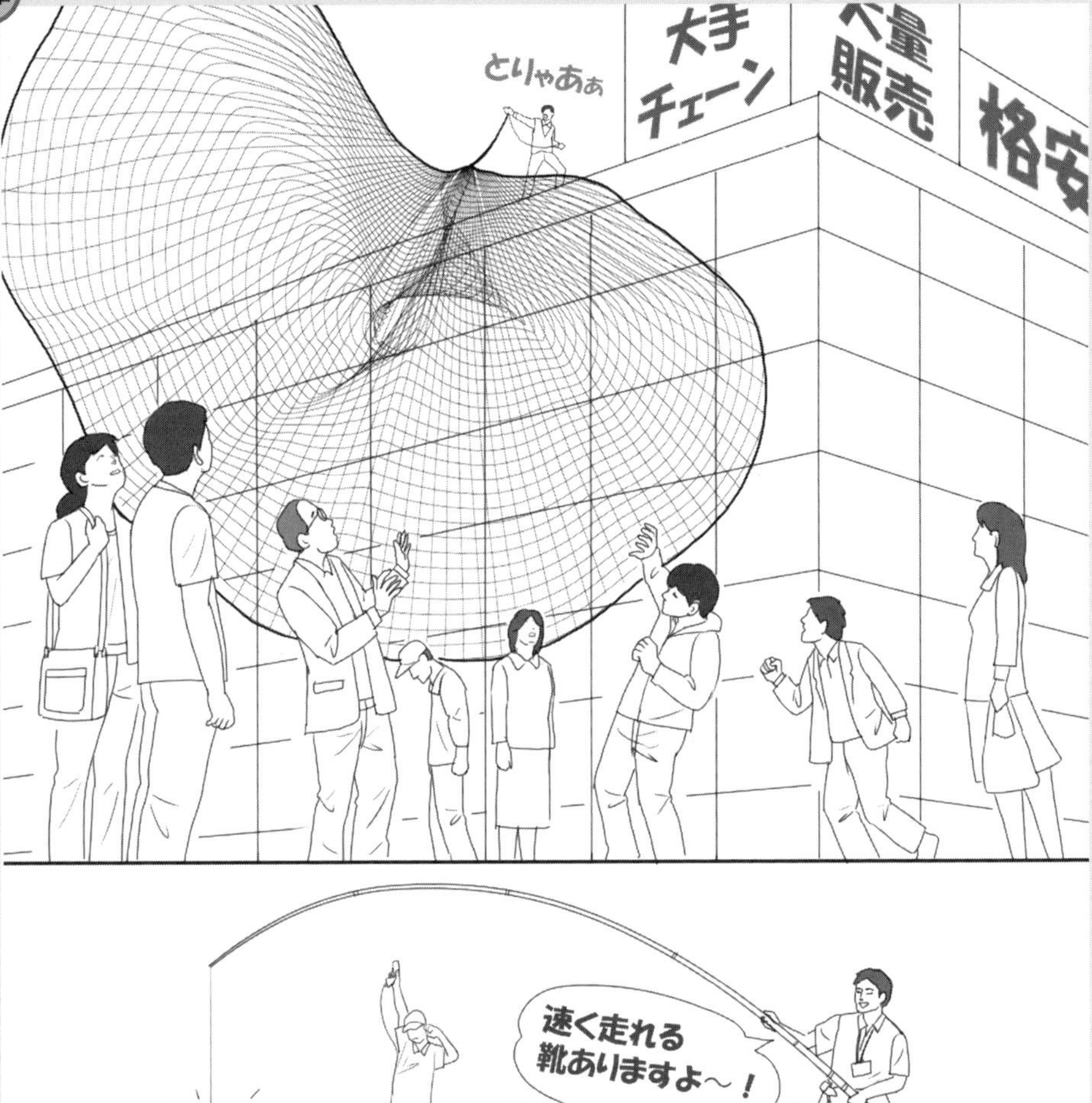
とりゃあぁ
大手チェーン
量販売
格

速く走れる靴ありますよ〜！

3 休眠客を顧客にするきっかけ

売場や販促品での仕掛けで、新たな発見をしていただくことができました。

▼▽▼地理的な条件での休眠客も顧客に

近年、多くの自治体がマラソン大会を開催しています。当店も地元の大会に、毎年、出店販売しています。この出店の大きな目的は売上ですが、数年前から広報も意識するようになりました。今は東京や大阪に住む地元の方々が、大会に合わせて帰省することが多くなったからです。

売店を出して顧客と会話することではじめて、「地理的な条件での休眠客」の存在を意識しました。以前は当店の顧客だったけれど、引っ越してから来店しなくなった、という方が結構な数、いらしたのです。

このマラソン大会をきっかけに、「地理的な条件での休眠客」の方々にはネット販売で顧客になっていただくことができました。

自治体の広報などを見ると、フリーマーケットやお祭りなど、地域のイベントが意外と多く開催されていることに気づきます。自店が出店できそうなイベントがあれば、思い切って問い合わせてみましょう。

▼▽▼顧客の多く集まる場所に出向き、広報する

水着売場の、写真を使った顧客カードの例を思い出してください。店側の「自店ではベストなサイズを選ぶことができます」という発信が、「みんなここで買っている」という好意的な口コミにつながったというものです。

水着販売の成功のポイントは、第一に売場での安心感の表現の積み重ねですが、結果的に何度か顧客の多く集まる場所に出向き、広報するということも行ないました。

「結果的に」と書いたのは、意図せずそのような行動を取っていたからです。例えば、スイミングクラブの待合室にボードを取りつけさせてもらい、新製品やお買い得品の情報を発信しました。入荷のタイミングを知りたい、という顧客の声に応える苦肉の策だったのです。

そのような目的だったのですが、目にした子どもたちのお母さんの何人かは、昔来店していた休眠客でした。

以前当店に来ていた目的は、自分のスポーツ用品の購入でしたが、今度は母親としての来店です。

買い物袋の創業ストーリーで懐かしい味を思い出し、顧客に「オレの店、私たちの店」と思ってもらうための

スポーツクラブの休憩室に設置させてもらっているお知らせボード。当店にはこのスポーツクラブの入会チラシを置いている

場所を変えることで、いつも店内でお会いする顧客との会話も弾むし、休眠客と思いがけない再会をはたすこともある

④ 信頼を失うようなセールはやめる

▼▽▼期間限定セールで買うのは一見客

「売上を上げたい」「毎年やっているから」という店側の論理で期間限定の値引きを行なってしまうことは、長い目で見ると店にとってはマイナスです。「いつからいつまで○%OFF」で期間が終わったら元に戻すというセール方法です。

一番大きな問題だと私が思うのは、この期間に買われるのはチラシを見た新規顧客で、この前後に買われるのが自店の本来の顧客だということです。

売上を上げるために一見客に値引きをし、常連客に通常の価格で売っているのです。こんな店を「オレの店、私たちの店」だと顧客は思ってくれるでしょうか。私もかつてはこれで、多くの顧客を流出させてしまいました。

▼▽▼本当に伝えたいことは何なのか？

バーゲンやセールは、本来、シーズンの変わり目の在庫一掃のための値下げです。

キレイごとを言わせてもらえば、「新たな商品を仕入れ、皆様に紹介したいので、古い商品は一掃させてもらいます。その代わりお値頃価格で提供します」というのが本筋です。ですから、一度下げた価格を戻す行為には大義がないのです。

そこには、昨年もセールでの売上があったから、今年もやらないと、という店の都合があるだけです。

当店が、期間を限定したすべてのセールをやめ、値下げを行なうのは在庫を一掃するための初売りのみ、としたときはいろいろ言われましたが、今は、それでも年内に欲しいのか、吟味して初売りまで待つのか、お客様が自身で判断してくださいます。

自店の経験で言えば、セールをやめてもトータルで見ると売上の変動はありませんし、利益の下落もないです。

当店では、在庫一掃のための正月セール時も、チラシはまかず、店の正面に大きな広告を貼り出しています。12月中旬から貼り出し、顧客に値下げがはじまる正月を待つか、それとも今購入するかの判断を委ねます。

この方法で、少なくとも顧客から「安くなるまで待てばよかった」「裏切られた」という声は出ていません。

休眠客を呼び戻す努力をしながら、信頼を失って休眠客にするような愚は避けたいものですね。

年末の風物詩となった、店舗正面の正月セールの広告。じっくりと眺めて購入する商品を選ぶ人たちでにぎわう

5 営業車は地域限定の広告塔

▼▽▼自店のメッセージを伝える営業車

私のように生まれた街で商売を続けていると、見かける営業車が、どこの会社のものかわかるようになります。お店のロゴと同じ配色だったり、特徴的なイラストが描いてあったり、子どもの頃から毎日どこかしらの道路で見かけるので、「○○会社の車だな」と社名を読まなくてもわかるのです。

そのことを特別なことだと感じたことはありませんでしたが、２０１１年11月にアメリカ小売業の流通視察に行って以来、「営業車」に注目するようになりました。

アメリカの営業車は派手なラッピングカーが多いことに驚きました。そして、ただ目立つ車が印象に残るのではなく、自店の主張を上手に表現している車には自然と目が行くのだな、と気づきました。

特に印象に残ったのが、ある内装業者の車です。会社名と電話番号が書かれている横に写真で、その人が使うであろう工事の道具の実物の写真があります。

小さな会社かもしれないけれど、この業者さんはきっと丁寧な仕事をするのだろうな、と感じたものです。

▼▽▼3台で総額20万円、効果はプライスレス

この視察から帰って、自店の営業車が古く、買い替え時期が来ていたことや、ガソリン価格の高騰もあり、低燃費の営業車に新調することにしました。

プロアスリートのシルエットと名言を車体にデザインし、「顧客のスポーツライフスタイルを強く楽しくカッコよく」という自店のメッセージを表現しています。３台の営業車にこの加工をし、かかった費用は計20万円でした。宣伝効果を考えると、安いものだったと思います。

ここ数年の中で、顧客の好意的な反応が最も多かったもののひとつが、この営業車たちです。３台とも違うデザインなので○○号と名前をつけて呼んでくれています。

外商部のマネージャーは毎日この車で地元を走っていますが、大会会場や学校で、親しげに声をかけられることがかなり増えたそうです。地域の中で自店を認知してもらう、いいツールになっている、と実感しています。

そして、運転する営業マンたちにもいい効果が生まれました。注目度がアップしたので、これまでより一層、交通マナーに気を配るようになったようです。

アスリートのシルエットと名言で自店のメッセージを表現した営業車。技術が進歩し、驚くほど早く、安く加工できる

6 5S活動が教えてくれた成功パターン

▼▽▼5S活動はそもそも内部の話だった

自店の改善を進めていく中で、ときに周りの方からの反応に「えっ、こんなことが評価されるの？」と驚くことがあります。

5S活動の事例がまさにそうでした。当店では数年前に一念発起して、5S活動に取り組むことにしました。

「5S」とは、各職場で徹底されるべき5つの事柄（整理、整頓、清掃、清潔、しつけ）の頭文字を取った、職場環境を改善するためのスローガンです。

店内をキレイにして、お客様を迎えよう、という思いは当たり前のことなのですが、5S活動の多くが工場などの環境整備に取り入れられている状況の中、小売店で取り組んでいるところが珍しいようです。そのため、多くの取材や視察を受け入れることになりました。

▼▽▼商品を大事に扱うということを顧客が知ってくれた

特に工場関係の専門誌の取材を受け、刊行された際、意外なところからお褒めの言葉をいただきました。

その雑誌は、私はそれまで知らなかった専門誌ですが、工場関係の方には有名な雑誌で、「スゴイね」「確かにキレイになったね」と、工場やメーカー勤務のお客様から声をかけられるようになったのです。

私たちにとっては「週末に来店する野球好きのお客様」でも、当然社会人としての顔もあります。職場で雑誌を見たお客様が当店の活動を知ってくださるきっかけとなりました。

特に、スポーツから一時遠ざかり、この記事を見て5年ぶりに当店に来てくださったというお客様がいらっしゃったことは非常に印象的でした。

彼によると、工場の商品管理は年々厳しくなっており、同じ5S活動を行なっている当店が「自分たちと同じように商品を大事に扱っている店」と感じられ、久しぶりに来てみたくなったのだそうです。

このことを通じて、意図していない内部的な取組みも、発信することで顧客に評価していただける、ということを知りました。

新聞や雑誌という紙媒体の記事は、やはり信頼性が高く、店から100のメッセージを発信するよりも、ときには大きな反響を与えてくれます。

事例3

店舗の効率運営と従業員のやる気を生む5S

アベスポーツ

足利市堀込町にあるスポーツ用品専門店のアベスポーツ。1990年代まではスキーなどの冬物が売り上げの7割を占めていたが、その後、経営方針を転換し、野球、サッカー、テニスなど、アスリート向けのユニフォームや運動具などを販売する地域密着型の店舗として、地元民から親しまれている。

同店は、足利市が商工会議所などを中心に展開する5S、足利5S学校への参加を通じて、2010年から本格的に5Sに取り組んでいる。5Sは製造業の改善活動と見なされがちだが、じつはすべての業種・職場に通じることを同店の取組みは示している。

整理・整頓の進んだ工場を見て、5Sの必要性を痛感

同店が5Sに取り組んだのは、2010年の春に阿部貴行社長がユニフォームのワッペンづくりをしている工場を視察したことがきっかけだ。その工場は、整理・整頓・清掃がじつによく行き届いていた。それまで「工場の仕事は職場をきれいにすることではなく、製品を造ることなので、多少、汚くても当たり前」と思っていた阿部氏は、胸をつかれる思いがした。

「工場があんなにきれいなのに、お客様を毎日迎えている自分たちが、清掃すら満足にできていないのはまずいのではないか」と。

店舗に戻ってさっそく、インターネットで5Sに関する情報を調べると、驚くことに「足利」という文字が上位に浮かび上がった。地元の足利市が5Sの先進地域であることを知った阿部氏の心は高揚した。「先進地域ということは、それだけ事例や情報が豊富なことであり、これは願ってもないチャンスだ」と感じたためである。アクションを起こした阿部社長は商工会議所から講師を紹介され、講師と相談のうえ、キックオフは10年9月1日と決めた。

活動は毎朝、朝礼後の10～15分間を利用して行う来客商品の整理・整頓・清掃と、月1回、講師を招聘して行う、講義と実践の2つが中心である。最初の取組みは、必要物と不要物の仕分け作業、つまり「整理」からスタートした。

店舗は1、2階の売り場フロアーと3階の商品倉庫のフロアーで構成されるが、とくに問題は3階だった。商品倉庫といえば聞こえはいいが、商品とそれ以外の荷物や什器が雑然と置かれた状態だった。荷物や什器は、何年もの間、ほとんど使われていないものが多く、また、社員通用口の階段にも荷物がうず高く積み上げられていた。

大きな什器をどかすと、その奥から、さらに古いモノが顔を出す。仕分けと言っても、ほとんどは廃棄するための運搬作業であり、来る日も来る日も従業員総出で外へ運び出した。什器の中には重さが数トンもあり、従業員では手に負えないものもあり、それらは消防業者に委ね、大きなトラ

会社概要
会社名：㈱アベスポーツ
所在地：栃木県足利市堀込町2663
設立：1969年
従業員数：16人
事業内容：総合スポーツ用品販売

34　Vol.58 No.11 工場管理

▶特集 継続できる5S 効果を実感できる5S

阿部貴行社長

建物は上階ほど、よく揺れる。「もしも、そのままの状態だったら、おそらく、それらの什器が、窓ガラスなどにぶつかり、甚大な被害が出ていたことだろう」と阿部氏はいう。物を捨てる作業は大変だった。しかし、震災を機に、多くの従業員が「やっておいてよかった」と思うようになり、5Sの結束力が高まったのである。

売り場の直角・平行配置を実践

5Sといっても、約半年間は不要物を廃棄し、空いたスペースを清掃する程度だったが、そこから本格的な整理・整頓が始まった。その第一歩はルールの徹底である。社員通用口の階段にはモノを置かない（写真3）。従業員は備品や文具などの私物化をやめ、効率的な店舗運営に協力する、などである。

たとえば、スポーツウエアを吊るすハンガーや

前述した通り、5Sを始める前、同店の3階には、使うことのない什器が雑然と置かれていた。

写真1 震災直後

写真2 震災の翌日

工場管理 2012/10　35

「工場管理」
2012年12月号
（日刊工業新聞社）

会話や来店のきっかけになった記事。
「雑誌に載る」ということの反響の大きさを体感した

7 自店が報道されれば、効果は絶大

▼▽▼「尊敬できる、すごい」よりも「変わっている、面白い」

5S活動の意外な反響を体験して、店の内部的な出来事やイベントのことも、店頭やホームページで積極的に発信するようになりました。すると、それをメディアに拾っていただく機会も増えました。

以前取材を受けた記者さん数名に「なぜ、うちの店を取り上げてくれるのか?」と聞いてみたことがあります。

地方紙の記者の方もネタを探していることが多く、その際の判断基準は「尊敬できる、すごい!」よりも「変わっている、面白い!」が先に来るということでした。

顧客に親近感や安心感を持っていただくために発信していることが、記者の方のアンテナに引っかかることは大いにあるのです。

もう1点、記者さんのお話で印象に残っているのが、新聞や雑誌、ラジオやテレビなど媒体にかかわらず、双方向のコミュニケーションを心掛けている、ということです。つまり、読者やリスナー、視聴者からの投稿を採用することが増えているそうです。

あるラジオ番組が斎藤佑樹投手の特集を組んだ際、リスナーから「アベスポーツで買い物をしている」との投稿があったそうで、私に生出演のオファーが届きました。

その何気ない投稿のおかげで、金額には換算できない全国規模のCMを流すことができ、「店の存在は知っていたけれど、ラジオを聞いてはじめて来てみた」という方や、顧客の方からも「ラジオ聞いたよ」という声を多くかけていただけました。

▼▽▼つい顧客が人に言いたくなるような店になろう

積極的に地域紙やFM、あるいはローカル番組に売り込みをかけることも考えられますが、私が一番言いたいのは、「**まずは日々の商売の中で自店ができることや自店が行なったことを発信し続けよう**」ということです。

今回の件も、「斎藤佑樹投手が来店した」ということを店側が発信していなければ、お客様がその事実を知ることはなかったし、知人に伝えて、やがてラジオ番組に投稿されることもなかったからです。

いち中小小売店が、全国放送のラジオに取材を受けるというのはだいぶ極端な例かもしれません。でも、地道に発信し続けていれば、こういうことも起きるのです。

Cagamin 編集部が、今キニナル企業に突撃インタビュー！

ITを駆使したabe sportsのアイディア社長！独自の事業展開とスポーツを通して足利市を盛り上げる

前回、ZOOM UPのコーナーに登場してくださり、その地元愛に溢れるスポーツ振興活動と独自のノウハウを活かした事業展開が大反響を呼んだアベスポーツ。今回Cagamin編集部が、"アベスポーツをもっと知りたい！"みなさんのために、突撃インタビューをしてきました。

アベスポーツのアイディアからはじまる地域の輪。

足利市でスポーツ用品店を営む阿部さん。前回のインタビューでは独自のノウハウを活かした事業展開や地域貢献活動が注目を浴びた。中でも画期的だったのが、東日本大震災への復興支援活動だ。アベスポーツが音頭をとり、2011年の3月の東日本大震災以降、"がんばろう日本"と書かれた"義援ノボリ旗"を販売し、義援金を募る活動を行った。地域からの反響が大きく、今ではノボリを足利市内の沢山の場所で見かけるようになり、集まった義援金は日本赤十字社に寄付された。阿部さん自身も「活動から地域の輪がまた広がったんですよ。」と嬉しそうに語ってくれた。

「出来ればスマフォを持って、店内で価格検索してほしい」と語る阿部さん

阿部さんのアイディアはアベスポーツのインターネット販売にも活きている。インターネット販売での売り上げが年商1億を超えるアベスポーツ。商品ラインナップにも、人気の秘訣が隠れていた。アベスポーツでは、まず現場のプロフェッショナルなスタッフが目利きをし、厳選した商品の価格、数量、品

「Ca-gamin!」
2012年1・2月号
（株式会社クワドリ・フォリオ）

足利市で配布されているフリーペーパー。「地域の発展」を目指す者同士、この取材で意気投合し、今では少年野球大会を共催している

8 自店の「代名詞」となるサービスをつくる

▼▽▼カモとフタバスポーツ

サッカーショップ「カモ」と言えば、全国で20店舗を展開するサッカー専門店です。販売価格は安くありませんが、カモブランドとして全国のサッカー少年憧れのショップと言えるでしょう。

そのカモの代名詞が、シューズケースです。通常のシューズケースがファスナーなのに対し、カモのケースはマジックテープ®です。このシューズケースが欲しくて、カモでシューズを買う子どもたちも多くいます。

一方、埼玉県の朝霞市・大宮市、東京の原宿で3店舗を展開するのが、「フタバスポーツ」です。

フタバスポーツの代名詞は、圧倒的な量のシューズを陳列するボリューム感と、その場でスパイクに刺しゅうを入れてもらえるサービスです。

このように、多くの顧客に支持される繁盛店には、その代名詞とも言うべき販促品やサービスがあります。これが浸透すれば、それを目当てにお客様が来店してくれるのです。

▼▽▼カモとフタバスポーツの販促を自店に置き換えてみる

「カッコいい販促品を使って、自店のブランド価値を高める！」というのは、あくまでも結果論です。

カモのシューズケースしかり、フタバの刺しゅうサービスしかり、顧客自身が気づいていない要望や欲求を満たそうとしたときに、既存の商品やサービスではそれが解決できなかったから、自店で行なったということです。

アベスポーツの例で言えば、6章で紹介した野球のグラブ袋がそれに当たります。

こういった販促品やサービスは、顧客自身が気づいていない「こういうのいいな」「こうだったら便利だな」という要望にマッチしたため、定着し広まりました。

そのようなサービスが定着すれば、一時期足が遠のいていた顧客が「そういえば○○を買うなら、あの店が便利だったな」と思い出してくれるきっかけにもなります。

きっと多くの店に、こういった願望や要望を満たしているサービスがあると思います。自店を振り返り、思い当たるものがあれば、どんどんそのことを発信していくようにしましょう。

入店して、まずは商品の量に圧倒され「選び放題！」という気分になれる。スパイクを購入するとその場で刺しゅうを入れてくれるサービスは「これだけたくさんの中から選んだ自分だけの1足」という満足感にもつながる

9 7章のまとめとポイント

「休眠客に自店を思い出してもらう」がテーマのこの章では、自店が理想の店を追いかける過程でこのように生まれ変わりました、というメッセージを、**極力コストを抑え、地域限定のCMを流すつもりで広報活動をする**ことがポイントでした。

具体例として、営業車や代名詞となる販促品などのツールの使い方、自店の考え方を端的に表わすセールの方法、理想の店とギャップが出ないようにする工夫を挙げてきました。

メディアに取り上げられれば、信頼性のある「報道」となるので、お金をかけたCMやチラシ以上の効果を上げることもお伝えしました。

「CMを流す」と言うと大げさに聞こえるかもしれませんが、自店に来てほしい顧客＝ターゲットとなる人物に**「どういう店だったら自店で買い物をしたくなるか」を聞いて回り、そこに近づく努力をし、そのことを発信すればいい**のです。

私は行事で学校に行く機会があれば、子どもたちやご父兄に話を聞くようにしています。

売場では聞けなかった話も、場を変えると話してくれることが多いです。

経営者や店長が「こうしよう」と考えることと、実際のギャップを感じて、修正していってください。

少し予算を投じる余裕があれば、店からのメッセージがより効果的にお客様に届くように、信頼できる店舗デザイナーのような方と組むことも、これからは重要であると思います。

経営者の経験や勘とデザイン性は別物ですし、地域限定のCMも、顧客から顧客へ伝播する販促品も一貫性のあるメッセージになるようにしたいものです。

看板や営業車、店の壁面など自店の理想をデザイン化して、地域限定のCMを流しているお店はあなたの周りにないでしょうか？

反対に目を引くデザインでありながら、店の現状とミスマッチして、マイナスイメージになってしまっている店も思い浮かぶかもしれません。

周囲のお店を観察し、あなたならどのように変えるか、考えることも自店の気づきにつながると思います。

情報収集
営業車 看板
SPORTS
SPORTS
ノスタルジー
＋新発見
SPORTS
メディア戦略
メッセージを込めたデザイン
SPORTS
Let's Sports

COLUMN 私の店の5S活動

アベスポーツでは、朝礼後の5分間を「5Sタイム」にしています。5Sタイムとは、自身の担当部門とは別に、各スタッフに割り振った担当箇所の整理整頓を行なったり、全員で同じ場所を清掃する時間です。

5Sタイムのよい点は、主役がパートスタッフの方になることです。男性スタッフや独身の女性スタッフよりも日々家事をされる主婦の方のほうが、整理整頓・清掃に関する知識も経験も豊富だからです。

店頭ではエースで、売上や接客に優れたスタッフも5S活動では脇役です。5Sの主導権を彼女たちに握ってもらうことによって、普段は目の行き届かないところまでキレイに使いやすくなりますし、責任を持つべき担当の箇所が割り振られ、他のスタッフからアドバイスを求められることで、パートの方たちのモチベーションも上がります。

昨今、「女性の力をいかに発揮してもらうか?」ということが会社を強くするカギだと言われていますが、5S活動はそのきっかけになってくれると実感しています。

店内の見取り図に顔写真のついたマグネットを貼り、自分の担当箇所がひと目でわかるようにしている

8章

スタッフ、仕入先を巻き込んで「オレの店、私たちの店」を目指す

1 「自分→スタッフ→仕入先→顧客」の流れ

▼▽▼実践するにあたってのポイントは2つ！

地域密着繁盛店を目指すための核心は、2つの言葉に集約されると思います。それは**「収集」**と**「発信」**です。

自店がどういう店であるのか、どんな店を目指すのか、どういうサービスや商品で地域の顧客の役に立てるのか、目に見える形で**自店の強みを収集して効果的に発信していく**ことが重要です。

▼▽▼収拾と発信について

「収集」とは、自店のサービスや商品の販売実績の積み重ねです。うちの店で言えば、展示しているユニフォームや水着のカード、オーダーグラブの写真がそれに当たります。

まずは、あなたの店の商品やサービスを、目に見える形で記録し、収集してみてください。

何を集めたらいいのか思い浮かばない方は、まず「定点観測」からはじめるといいと思います。改革しようと決めた売場を、同じ地点から週に1回、写真に撮りましょう。立派なカメラでなく、スマホのカメラで構いません。この習慣が、今、私の財産になっています。

売場を変えたから記念に写真に撮るのではなく、定点観測をすると、順を追って同じ場所からの写真を見続けることで、売場づくりがうまくいったときも、結果が出ないときも、その原因に気づけることが多いです。

そして**「発信」です。自店が地域の顧客と社会にはたす役割を、繰り返し伝えていくこと**こそ地域密着繁盛店へのプロセスだ、ということはお伝えしてきました。

確かにその通りなのですが、自分ひとり声高に叫んでもなかなか伝わるものではありません。

効果的な発信とは、「自分→スタッフ→仕入先や業者の方→顧客」の流れに沿った発信です。本書でここまで述べてきたのは、このうち最も重要な、顧客に対してどう発信するか、という内容です。

もちろんこれらのノウハウを実践するだけでも、発信しないでいるよりは、はるかに顧客に伝わるメッセージは増えると思います。しかし、その前段階の「自分〜仕入先」への流れを理解しておくことが、より効果的な発信につながりますので、次項から事例を交えながらお話しします。

地域密着店づくりの核は「収集」と「発信」

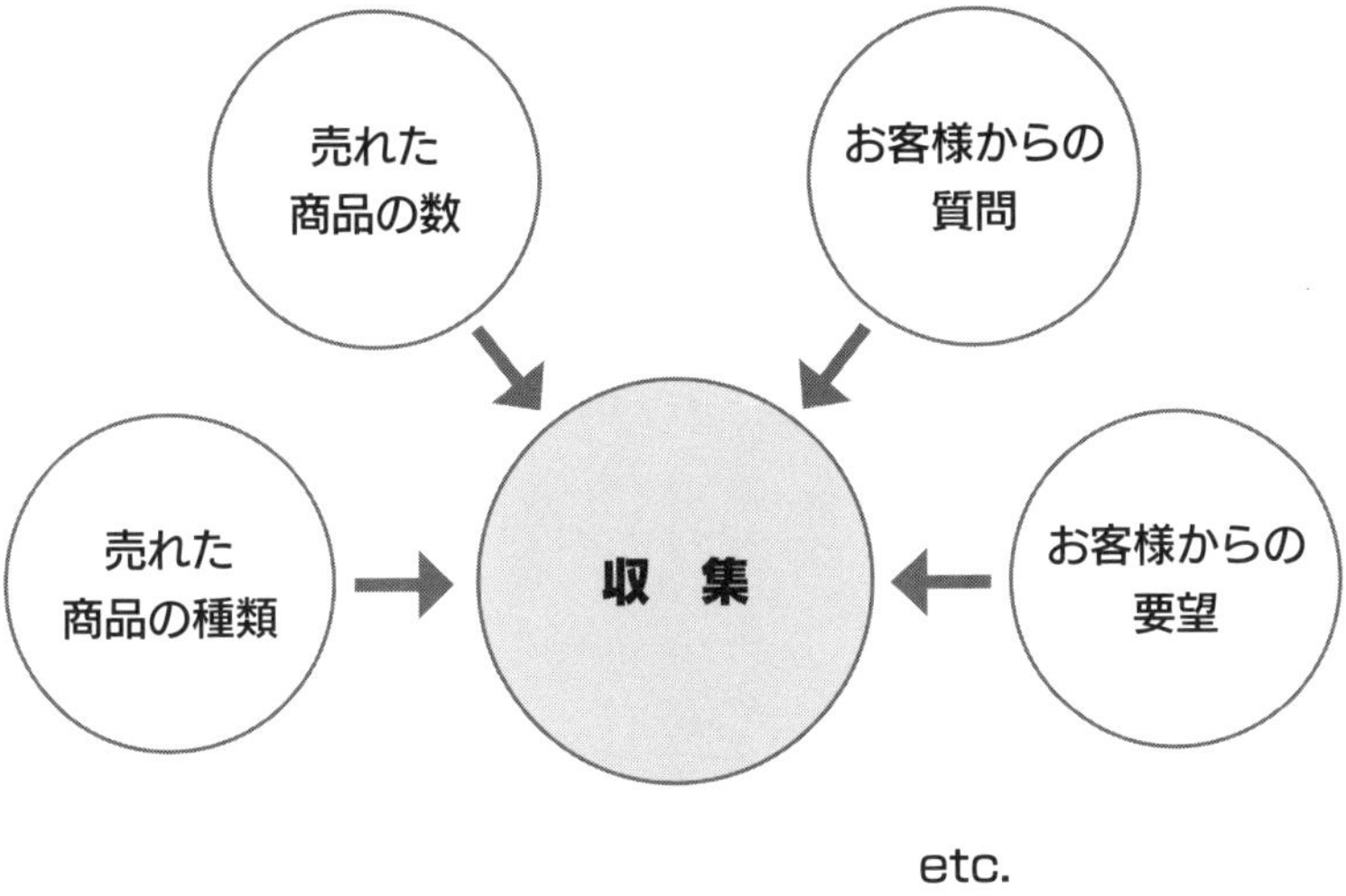

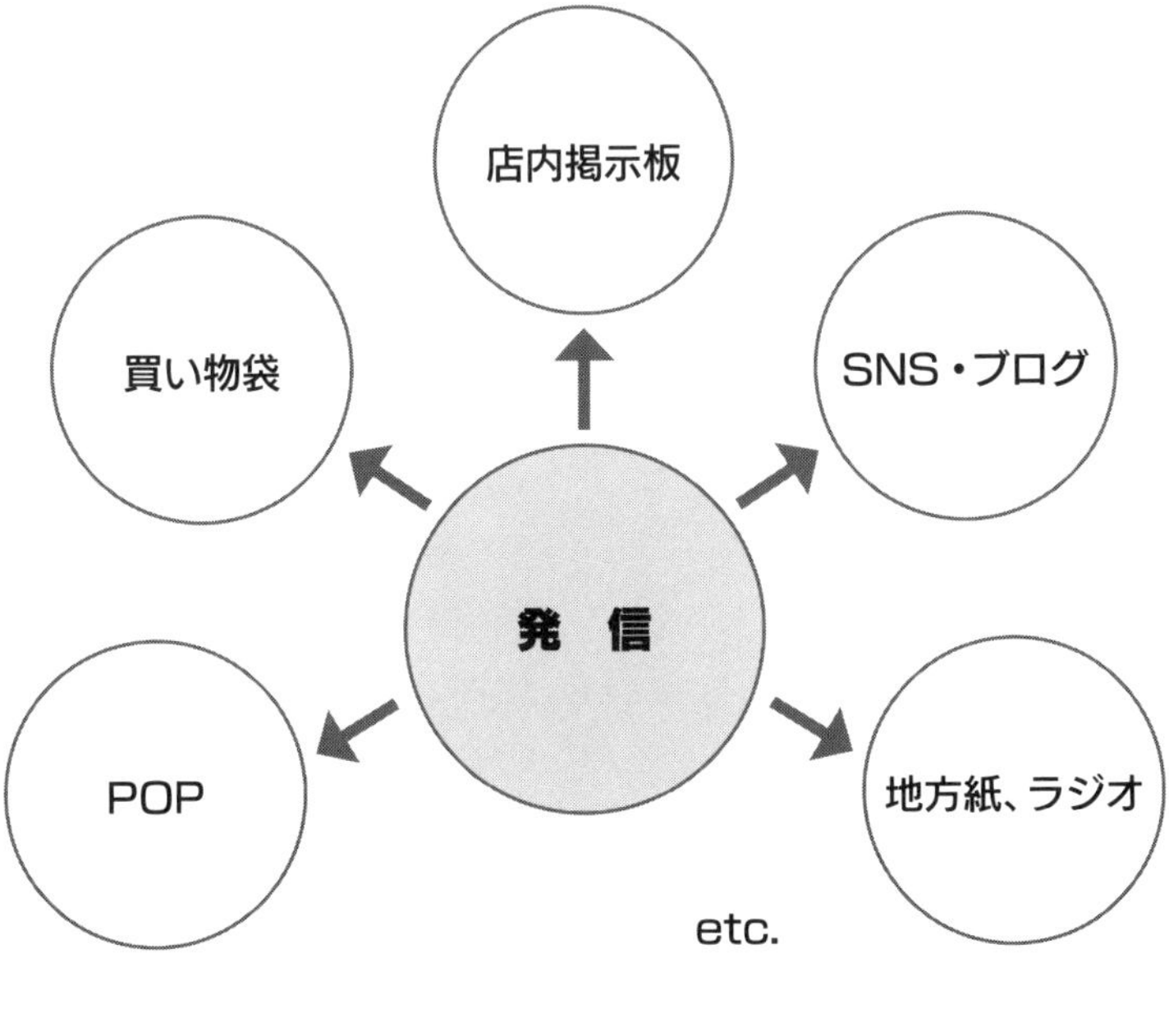

2 はじめの一歩は「自分」と「売場」

▼▽▼売場づくりをはじめる前に、少し整理しましょう

地域密着の売場づくりをはじめようとする場合、まず計画書をつくろう、と思うのが一般的かもしれません。

確かに、自分の頭の中を整理し、期日を決め、目標に向かうことは必要です。

しかし、共に売場づくりを進めるスタッフや、仕入先や業者の方、ましてや最も伝えたい顧客が、その計画書を読むことはほとんどないでしょう。

では、どうすればいいのか？　まず自分で売場をつくりましょう。言葉よりも行動、計画書よりも現場です。

自分の考える地域密着店の売場をつくってください。

前項で、地域密着店を目指す核心として、「発信」よりも先に「収集」を挙げたのは、まず自分が売場づくりをはじめようとしたときに必要になるからです。

▼▽▼どこから手をつけていいか迷っているあなたへ

「売場をつくる」とひと言で言っても、どこから手をつけたらいいのかわからない……という方は、次の2つを目安に「まず改革に取りかかる売場」を決定しましょう。

①　売れ点数が多い商品群

②　自店にとって、売上の構成1位か2位のカテゴリー

①は、布団屋さん、パン屋さんなどの専門店向けの目安です。

例えば、サッカー専門店で売れ点数の多い商品群は、スパイクよりもソックスです。試合用、練習用、それぞれに買い置きがありますし、消耗も激しいのです。

単品のソックスを購入する理由に、チームの指定品がありますから、地域密着店として、「○○チーム御用達」と、写真つきで表示していくなどの方法があります。

②は雑貨店、文房具店など、複数のジャンルを扱うお店向けです。

私の店もこちらに入ります。当店で1位と2位のカテゴリーは、野球部門とスイミング部門です。

売上の上位を占めるジャンルの売場から手をつけるのは、自店における売上の割合が低いと、効果が限定的になってしまうことと、売上の動きが表われるのに時間がかかってしまうからです。

顧客サイドから見て、どこが変わったのかわかりやすく、効果の出やすい売場から取りかかりましょう。

まず改革に取りかかるのは……

①売れ点数が多い商品群

サッカー専門店	：ソックス
本屋さん	：雑誌

etc.

②自店にとって、売上の構成1位か2位のカテゴリー

スポーツ用品店	：1位	野球用品
	2位	スイミング用品
文房具店	：1位	ボールペン
	2位	クリアファイル

etc.

もともと売れ行きのよい商品の売場を改革すれば、効果が出るのも早く、わかりやすい！

3 改善するということは主張を変えることではない

▼▽▼「きっかけはお客様の声」と言うけれど……

どの売場から改革に着手するか決まったら、あなた自身が売場をつくりはじめます。

これは先にお話しした図式の「自分」です。収集した自店の強みである商品やサービスの販売実績を、表現していくのは楽しいことです。

さらに、やる気にさせてくれるのは顧客からのの反応です。

取組みをはじめて最初に気づかされることは、いかに今まで顧客に自店の強みを知らせていなかったかということと、「こうしてほしい」という要望が多いか、ということです。

この要望はまさにお客様の声であり、貴重な情報なのです。

▼▽▼改善するとは、発信の内容ではなく、表現を変えること

しかし、顧客の声に慌てて反応するのは考えものです。なぜなら、いいことを褒めるよりも、悪い点（気になった点）を指摘する声のほうが圧倒的に早く多く、私たちに届くからです。

以前、販売価格を下げたり戻したりする期間限定のセールをやめるということを発信したときに、多くのお客様からお叱りやご指摘をいただきました。

その声に対して、私たちは「ああ、やっぱりセールはやめないほうがいいのか」と考えるのではなく、売場と接客で繰り返しこちらの「思い」を説明しました。

その中で、顧客のお叱りの声の真意はただ「安いものを買いたいから、セールを続けてほしい」のではなく、「試合用で着る水着は高くても新製品がいいけれど、練習用の水着は旧品（お買い得品）を買いたいから、セールがなくなるのは困る」ということだとわかったのです。

この真意に気づけたことで「期間限定のセールはやめるけれども、常時お買い得品を売場に品揃えする」という対策を取ることができたのです。

お客様の声の表面的な部分に左右され、「主張が間違っていた」と思う前に、「どうしたらこの主張が相手に届くのか」と考えたほうが建設的です。

それをせずに、主張自体を変えてしまうのは、非常にもったいないことなのです。

お客様の言葉の真意がわかったので、「セールをやめます！」ではなく「いつ来てもセールと同じ価格の商品が手に入るようにします」と表現を変えた

4 スタッフの反応から達成度を測るということ

▼▽▼無反応な人こそ本当は気になっている

あなたが楽しみながら、自身で売場をつくりはじめると、それを見ている周囲のスタッフの反応はおよそ2つに分かれます。

賛同してくれたり、意見を言ってくれたりするAタイプと、一見無関心を装うBタイプのスタッフです。

ついAタイプのメンバーを味方にして、改革を進めたくなりますが、私の経験上改革のカギを握るのはBのメンバーです。

商品やサービスの実績を収集して、売場で表現していくと、Aタイプは比較的なんでも「いい！」と思ってくれるのに対し、Bタイプは「なぜ、そのような売場をつくるのか」、理屈が腹に落ちないとなかなか動きません。けれども往々にして、目指すべき方向を理解すると、Bタイプのほうがぶれずに売場をつくり上げることが多いのです。

Aタイプの人にはしっかり「方法を理解してもらう」ことが重要で、Bタイプの人には「何のために行なうのかという目的を理解してもらう」ことが重要です。

▼▽▼すぐに結果が出ないことを、そのまま部下に伝える

まずあなたがはじめることはとても重要ですが、スタッフも巻き込んでいかなければ「店として」のメッセージは発信できないし、改革に時間もかかってしまいます。

いかにあなたが素晴らしい売場をつくって店全体に広げていこうと思っても（あるいはつくったと思っていても）、店頭スタッフの日々の業務は多岐にわたりますので、「自分たちはその改革をいつやればいいのか」と反論や不満が出ることもあると思います。

そんなときは、自分で売場をつくっている過程で撮影した定点観測の写真を見せて、変化していく売場の姿を示すことも有効です。

この「自分と売場」から「スタッフと売場」へというプロセスは、丁寧に行ないましょう。

先ほど5Sへの取組みにも触れましたが、当店では5Sを店全体に広げていく際、スタッフを連れて、市内の5Sの先進の工場や会社への視察を行ないました。

まず自分が動き出し、それからイメージを共有する行動は、非常に有効だと感じます。

スタッフの反応はたいてい2通り

Aタイプ

- 提案には「いいですね！」とすぐ賛成してくれる
- すぐに「はい！」と言って動き出す
- その改革をする理由までは深く考えていないので、言われた直後はノリノリで動くが、時間が経つと冷めやすい
- 「何を、どのくらいの期間、どのように」動いてほしいのかを理解してもらうことが重要

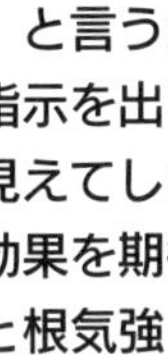

Bタイプ

- 提案には「わかりました」と言うが、反応は薄い
- 「なぜ」「どうして」その指示を出したのかを知りたがるため、反発しているように見えてしまいがち
- 「何のために」「どういう効果を期待して」という目的をきちんと説明し、納得すると根気強く取組んでくれる
- 目的を理解すれば自主的に動いてくれることも多い

5 スタッフを巻き込む際の注意点① 考えの見える化

▼▽▼スタッフに「オレの店、私たちの店」と思ってもらう

私自身これまで、スタッフに思いが伝わらずに、たくさんの失敗をしてきましたが、その共通の要因として「決定事項だけを伝えていた」ということがありました。

あまり社長があれこれ迷っている姿を見せるのはよくないと考えたからであり、なぜそうするのかを質問されても、明確に答えられる自信がなかったからでもあります。

いい店をつくりたいという願望は人一倍あっても、うまく伝えられず、結果、「うちのスタッフは全然ダメだ！」という社長や店長が多くいます。スタッフからすれば、「社長は何を言っているのかわからない」「また、おかしなことを言っている」という状態なのです。

まずスタッフに「オレの店、私たちの店」と思ってもらえないことには、顧客にそう感じてもらえるはずがありません。

▼▽▼考えの「見える化」は、チームづくりに欠かせません

私の場合は、朝礼を重視しています。なるべく、自分の言葉で伝えることと、スタッフ一同が同じ方向を見られるように気をつけています。そして、その補足のツールとして、ブログを数年前から続けています。朝礼の時間だけでは、決定に至るまでの私の考えをすべて伝えることは難しいと感じたからです。

ブログをはじめてみると、今まで順を追って説明したつもりでいたことが、まったくできていなかったことに気づきました。

スタッフから「社長が言っていたのはそういうことだったんですね」と言われたことも多々あります。

ブログは、四六時中私の考えの見える化に使っていたのでは、飽きられてしまいますので、家族のこと、読んだ本のこと、出会った人のことも書きます。

スタッフに見てもらえれば、という思いではじめたブログですが、今では仕入先や顧客の方にも見ていただいています。ですので、当店からのアウトプットツールとしても使用しています。

ブログの本来の目的は、スタッフを店というチームに巻き込むための考えの「見える化」の補完ツールでしたが、結果として、これが当店の販促ツールになっていったのです。

スタッフに自分の考えを伝えるためのツールとしてはじめたブログ。
顧客に自店の考えや思いを「見える化」することにも役立っている

6 スタッフを巻き込む際の注意点② 指示の記録

▼▽▼自分を律することはできなくても、縛ることはできる

「考えの見える化」を伝える際の準備とするなら、**「指示の記録」は伝えた後の確認**です。なぜ、伝えた後の確認が必要かというと、受け取り手によってその理解度が違っているということが第一です。

私は、朝礼やミーティングで伝えた後に、必ずホワイトボードに要点を書き出すことを習慣としています。書いていると、言い方がわかりづらかったなと自分で反省することも多々あります。その際には、その点も補足して書くようにします。

私の店では交代休があり、朝礼に参加できないスタッフもいますので、伝え漏れのないように書きます。

▼▽▼先に書くより後に書く！

私の経験上、書かれた内容を耳で聞く「読む→聞く」の流れよりも、耳で聞いた内容を後から見る「聞く→読む」の流れのほうが、こちらの意図が伝わりやすいようです。

話を聞いてこちらの気持ちを伝えた後、目で見て確認することで、能動的に動けることが多くなるようです。

朝礼は毎日ありますので、ホワイトボードも数日で消さなくてはなりません。

しかし、伝えることの中には数週間から数カ月かけて取組むべき内容もあります。そこで、写真を撮って別途貼り出しはじめました。

その枚数が増えるにつれ、一番熱心に読むのは新入社員であることに気づきました。入社して数週間のスタッフに「社長のつくりたい店の形が少し理解できました」と言われたこともあります。

そのときそのときの、スタッフに向けた業務連絡や指示事項の中で、特に大切だと思う箇所を抽出すると、店の目指している方向性を表わすことになります。

継続する秘訣や読んでもらうコツは、社内表彰や飲み会の写真も合間に挟むことです。

壁一面指示ばかりだと、規律重視の楽しくない雰囲気になってしまいます。

飲みの席での会話で店の方向性を共有できたときなど、そのときの写真も貼っておくと、指示の行間にある思いが伝わるのでは、と思っています。

まずは聞いて、

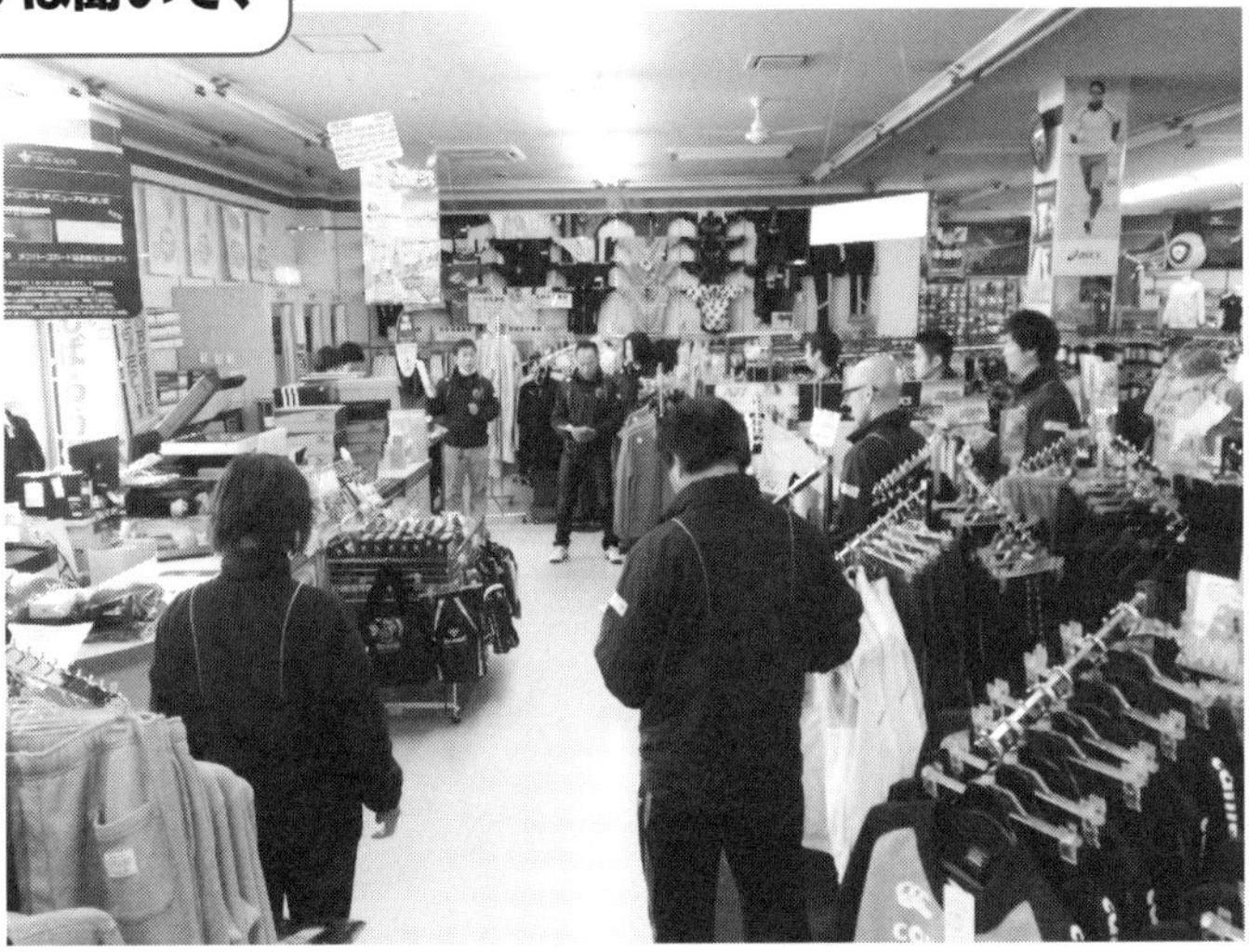

読む（見る）ことで能動的に動ける

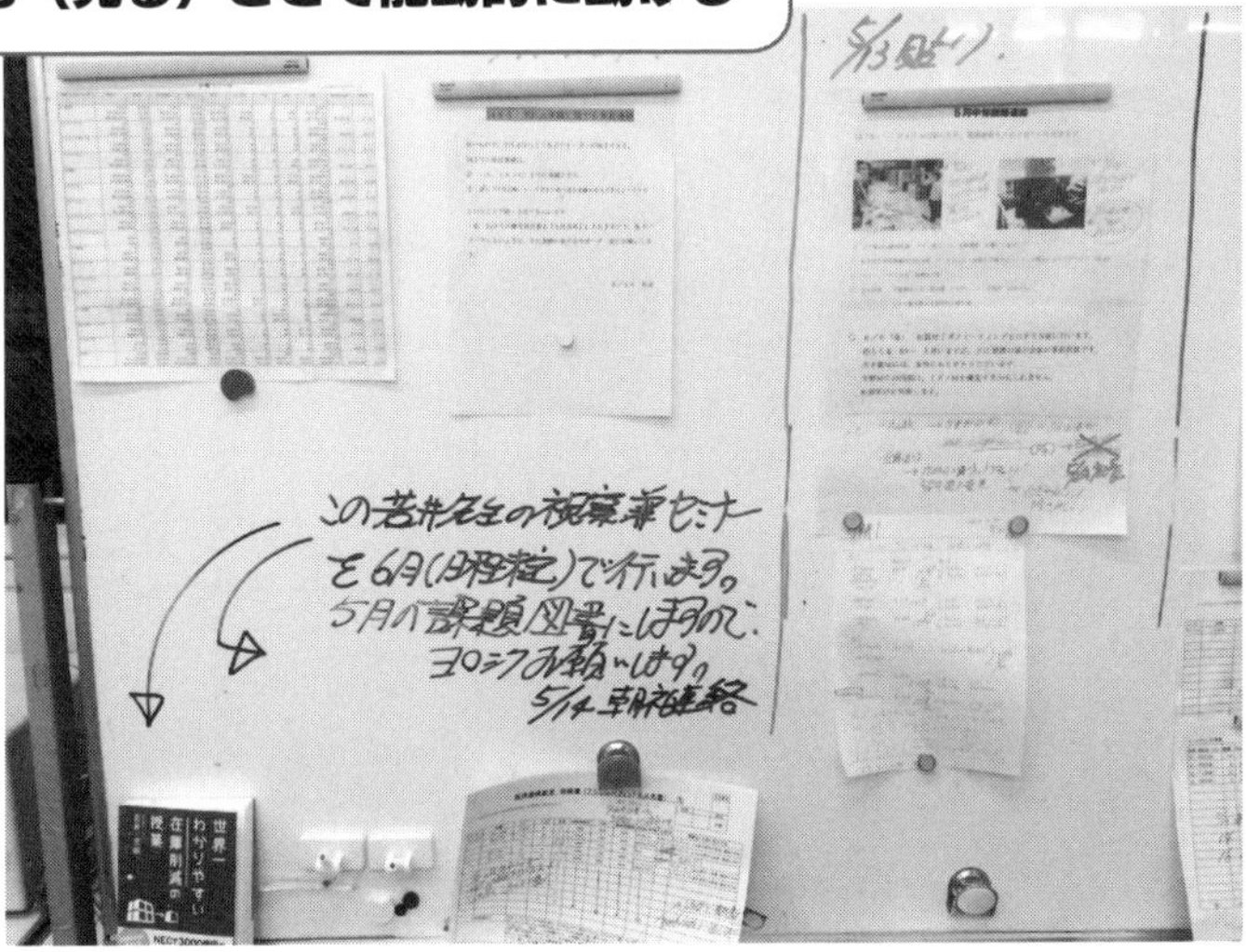

7 仕入先の反応から情報公開する

▼▽▼仕入先も「店」というチームの一員に

地域の小売店は商圏が限られているとはいえ、顧客となる方はたくさんいます。それに対し、仕入先は多くの場合、数社しかないでしょう。この数少ない仕入先を味方につけ、がっちりタッグを組むことは、地域密着店づくりには欠かせません。

仕入先の会社も、一店舗あたりの売上高を増やしたいのは当然です。担当の営業マンをいかに地域密着店づくりの味方に引き入れ、チームの一員になってもらうかは、重要なポイントなのです。

▼▽▼情報公開すれば自店に大切な仕入先が見えてくる

10年以上前の話ですが、仕入先の幹部との商談中に、「決算書を見せないと、これ以上の取引はできない」と面と向かって言われたことがあります。

今考えると当たり前の話なのですが、このことを教訓に情報公開を少しずつ進めてきました。

現在では当社の年に一度の方針発表会で、決算数字を公開していますし、毎月の売上、仕入、在庫、利益も社内に貼り出しています。

このように自社の数字を公開すると見事に、「自社の商品を買わせたいだけの仕入先」と、「一緒に問題を解決し、共に伸びようとする仕入先」に分かれてきます。仲間になってもらうなら、当然後者のほうがいいですよね。

こういった仕入先を味方につけられれば、自社のやりたいことを伝えて、一緒に売上を上げる方法を考えることもできますし、「いくら売れていても、こういう商品は取り扱わない」など「やりたくないこと」を伝えて、自店の方向性も共有しやすくなります。

左ページ下の写真は2011年につくったランニングウォッチの展示ケースです。売場でも使え、マラソン大会の会場で販売する際や、購入者が部活の練習にも持ち運びやすいように仕入先と折半でつくりました。

これは、つくる前の年に比べ、腕時計の売れ個数での前年比が300％と言う結果を残してくれました。

相手（仕入先）にとってのメリット（売上の拡大）を前提に協力を引き出し、共に成長していく取組みは地域密着店づくりの成功への手段です。

メーカーと一緒に作成したバナー。「自分たちがユニフォームとして着用し、自信を持ってお勧めします」というメッセージを込めている

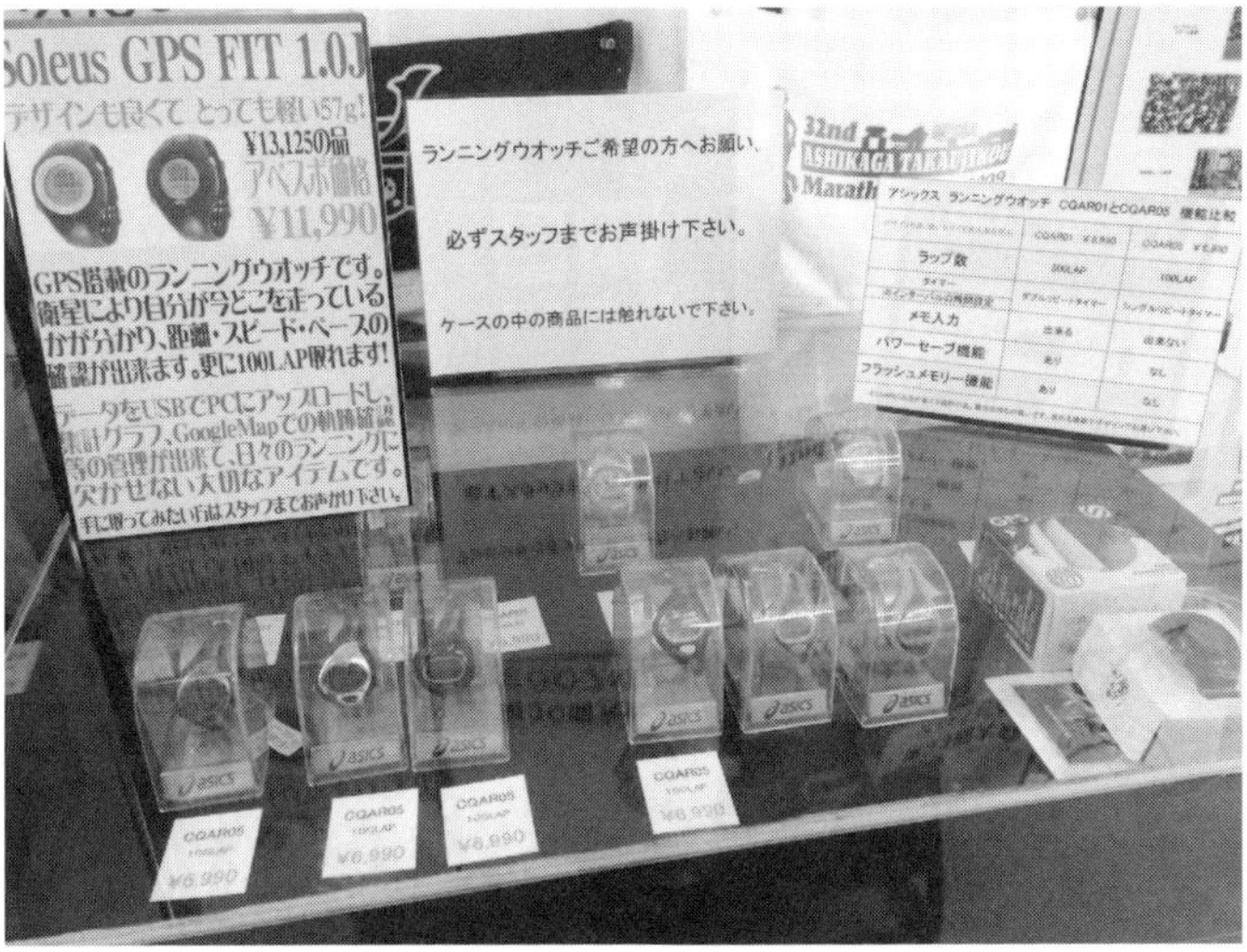

一緒につくった仕入先の支店長の名前をつけて「木曽ケース」と呼んでいる展示ケース。仕入先を味方につけた結果、自店も仕入先も売上が上がった成功例

8 スタッフを成長させ、仕入先をチームにする商談

▼▽▼必ず3人以上で行なう商談は、意志統一の場

ここまで、自分の売場づくりについて社内に伝えることと、仕入先によき理解者になっていただくことの重要性を説明してきました。

私は、これらを達成するために、商談の場を最大限活用することにしています。

地域密着店づくりにおいて重要である、スタッフ、仕入先、経営者を結びつける接点は商品です。

その商品の発注を行なう場所である商談を、3者の意思統一の場にすることにしました。当店における商談の場には最少でも3人が参加し、ときには6人以上になることもあります。

発注と店づくりの意志統一を一気に行なえる、非常に合理的な場だと思っています。

▼▽▼商談時に自店の地域密着の度合いを確認する

当店の商談を例にお話しします。十数年前から中高生が好んで使うスポーツバッグは、エナメル素材の肩掛けタイプのものが主流となっていました。スポーツ用品に詳しくない方もご覧になったことがあるかもしれません。

しかし、近年このバッグの売れ行きがよくありません。調べてみると、周辺の学校が安全性を考慮して、通学時にリュックサックの使用を推奨していました。

仕入先とスタッフとの商談の中で、中学生の多くは黒色のリュックサックを使用することがわかりましたので、そこに重点を置いた品揃えに変更することにしました。

こういった情報は、自店の数字だけを見ていても偏った情報になってしまいますが、いろいろなお店を回っている仕入先からの情報と合わせることで、より精度の高いものになります。

また、新学期がはじまり、通学バッグの売れ行きが伸びる3～5月には新しい什器を用意して、売場づくりを行ないました。この費用は仕入先と折半としましたが、結果は什器にかかった費用をお互い2年で回収するほどの売れ行きとなりました。

商品が売れにくくなる→原因を探る→仮説を立て、商談を行なう→さらに工夫を重ねる、というスタッフ、仕入先、経営者が一体になった非常によい循環ができた例だと思います。

教育、団結、仮説と検証を一度に行なえる商談の場は、社内の会議何回分もの収穫になることも多い

9 1年に1度、チームであることを確認する

▼▽▼きっかけは歓送迎会

当店は退職の経緯や社員、アルバイトにかかわらず、最後の勤務日にその日出社の全員が集まって、前途を祝う習慣があります。数年前、創業社長の右腕だった専務が退職するときには、それを特別なものにしたい、と考えました。

私自身、銀行や仕入先などをお呼びして方針発表を行ない、変わらぬご協力をお願いしたいという思いもありましたので、地元のホテルでのパーティーを計画しました。感動的な会でしたし、日頃ユニフォームで過ごすスタッフにとって、特別な日になりました。

そして何よりも驚いたのは、「素晴らしかった。来年はぜひ幹部の発表も聞きたい」「アベスポーツの目指す方向がわかったので、来月時間を取って、こちらの提案を聞いてほしい」などの社外の出席者の好意的な反応です。

このことをきっかけにして、毎年1日だけ特別な場を設けることにしました。

▼▽▼1年に1度　お金をかけても効果が絶大な理由

店頭のスタッフは、いつも同じ舞台で芝居を行なう俳優です。そんなスタッフたちだからこそ、1年に1日だけでも、おめかしをして別会場で方針発表会を行なうことの効果は絶大です。代表的な効果を3つ挙げます。

①　期中の退職者が減る

②　自分たちが発表した目標の達成度を、翌年の会場で検証できる

③　参加してくれた方々が、「チームアベスポーツ」の意識を持ってくれる

①は「どうせ辞めるなら、あの日までやりたい」と思うようで、恐らく卒業式の感覚に近いと思います。

②については、来期の目標を語る前に、今年の結果を話します。正直に未達成の部分を話すと、仕入先の幹部から「うちの力が足りなくて、すみません」などと心から言われます。きっと、正直に情報を公開している人を応援したくなる心境なのだと思います。

そして最大の効果は③です。ある新規の業者の方との取引がはじまったときに、「これでうちも呼んでもらえますか?」と言っていただき、改めて「継続は力だ」「チームになれている」と実感しました。

普段は低コストを心がけているが、この日だけは「お祭り」なので奮発する。仕入先、自店の社員はもちろんアルバイトも全員参加できる

⑩ そして、顧客に伝えるために

▼▽▼地域に生かされる小売店の使命

「自分→スタッフ→仕入先」と、売場づくりの思いを伝えていく流れについてお話ししてきました。

この本でお伝えしてきた、来店（入退店）、売場・接客、再来店・来店促進の数々の取組みが、それを「顧客」に伝えるための方法です。

私たち小売店は、地域の顧客にとってなくてはならない店になり、その代償として売上・利益をいただきます。

この売上・利益が店を経営するために、必要なラインを超えないことが多くの小売店の問題ですが、地域に生かされている以上は、そのラインの先に使命を置くべきです。

アベスポーツの場合、使命は「雇用」と「納税」です。たくさんのアルバイトを雇い入れ、業績が悪ければあっさりと地域から撤退する、地域で商売をしながらも、潤うのは本部がある地域だけ、という大手チェーン店とはこの2点が最大の違いなのですから。

私自身も自店もラッキーだったと思います。それは、幸運に恵まれたという意味ではありません。

リースも組めない時期があり、仕入先から決算書を見せなければ、これ以上取引できないと言われましたが、「時間」はありました。

顧客に自店を「オレの店、私たちの店」と思ってもらえるよう、まずは自分が売場を変え、スタッフや仕入先を巻き込んでチームにするための時間です。

仕入先も銀行も、最優先すべきは自社の存続です。それは、自社の利益の確保という行動になって表われます。担当者が自身の存在をかけて小売店を守ることなど、ひと昔前の物語です。

やはり、店は存在する地域の顧客によって支えられているのだ、ということを肝に銘じて、自店が「顧客にできること」「していきたいこと」を明確にし、ぶれずに伝え続けていくことに磨きをかけていきましょう。

まず自分が売場を変え、スタッフや仕入先を巻き込む。そしてチームとなって、地域の顧客に自店のメッセージを伝えることができたときに、「地域密着店」としての使命をはたし、「地域密着繁盛店」となれるのだと思います。

オレの店 私たちの店
地域

おわりに

この本を手に取ってくださった方のお店の多くは、トライ&エラーのエラーをする時間的な猶予がない中、それでもトライしなければ未来はない、というのが現状だと思います。ですから、私の店が実際に行なってきたエラーも含めたこの本の内容を読んでいただき、読者の方たちが「トライ」に割く時間を増やすことができたら、と思っています。

読む人によっては偉そうに聞こえてしまう内容もあったかもしれませんが、この本を書くにあたって、美辞麗句のごまかしや抽象論は書かないと決めました。

この本で足りなければ、アベスポーツは地域の顧客にその存在が許される限り、商売をさせてもらいますので、実際に当店を見に来てください。お待ちしております。

日本全国どこに行っても、ユニクロやセブンイレブンはありますし、私もユーザーとして、ないと困ります。でも、地域にキラリと光る小売店＝「地域密着店」がなくなってしまうのも、同様に困ります。

大手のチェーン店に真っ向から対抗するのではなく、共存というのも違い、(あくまでイメージですが)「その地域の顧客の選択肢になり得る店」、そんな地域密着店を皆様と一緒に目指していけたら、と考えています。

著者略歴

阿部 貴行（あべ たかゆき）

株式会社アベスポーツ代表取締役社長
1971年栃木県足利市生まれ。大学中退後、関西の大手スポーツ用品店に入社し、3年目には大阪梅田の繁盛店のマネージャーに抜擢。5年の修行の後、父が経営する（株）アベスポーツに入社する。当時売上の大半を占めていたスキー用品の販売をやめ、地域のアスリートを中心とした店に変革し、5期連続増収増益させたことは今なお業界では語り草となっている。店長、営業部長を歴任し、2010年から代表取締役に就任。2014年1月からは全国の中小スポーツ店経営者が集うSBS橋本塾の理事長となるなど、地域と業界の発展・成長にも力を入れている。

売場表現、販促で勝負する！
地域密着繁盛店のつくり方

平成27年1月5日　初版発行
平成28年6月2日　2刷発行

著　者 ―― 阿部貴行

発行者 ―― 中島治久

発行所 ―― 同文舘出版株式会社

東京都千代田区神田神保町1-41　〒101-0051
電話　営業03（3294）1801　編集03（3294）1802
振替 00100-8-42935　http://www.dobunkan.co.jp

ISBN978-4-495-52951-2

印刷／製本：萩原印刷

Printed in Japan 2015